고요하고 단단하게,
법정의 말

고요하고 단단하게,
법정의 말

내려놓음의 마음공부

권민수 엮음

RITEC CONTENTS

법정(法頂) 스님은 '잘 사는 법'을 거창한 이론으로 가르치기보다, 어떻게 덜어내고 어떻게 바라볼 것인가를 삶으로 보여준 분입니다. 산중의 수행자로 알려져 있지만, 그의 말이 자리하는 발걸음은 늘 속세의 사람들 곁으로 이어졌습니다. 글로는 「무소유」를 비롯해 「버리고 떠나기」, 「오두막 편지」, 「산방한담」, 「맑고 향기롭게」 같은 책들을 남겼고, 정기 법회와 다양한 강연에서도 일상의 언어로 마음의 길을 밝혀 주었습니다. 법정 스님이 남긴 문장은 화려하지 않습니다. 오히려 단순하고 조용합니다. 그런데 그 조용함이 오래 남아, 우리가 잊고 살던 기준을 다시 세우게 합니다.

우리는 너무 많은 것을 알고, 너무 많은 것을 보고, 너무 많은 것을 요구받는 시대를 살아갑니다. 휴대폰을 켜는 순간 다른 이의 삶이 밀려오고, 뉴스를 읽는 순간 세계의 불안이 내 방까지 들어옵니다. 정보는 빠르지만 마음은 따라가지 못하고, 선택지는 많지만 확신은 줄어듭니다. 더 나은 삶을 위해 애쓰는데도 이상하게 삶은 더 얕아지고, 관계는 더

예민해지며, 하루는 더 쉽게 소진됩니다. "나는 잘 살고 있는가"라는 질문은 점점 더 자주 찾아오는데, 그 질문에 답해줄 고요한 시간은 점점 사라집니다.

이때 법정 스님의 말은 유난히 느리게, 그러나 확실하게 우리를 붙잡습니다. 법정 스님의 문장은 세상과 경쟁하여 이기라고 부추기지 않습니다. 대신, 경쟁이 만들어 낸 마음의 소음 속에서 내가 무엇을 잃고 있는지 보게 합니다. 우리는 흔히 불행의 이유를 환경에서 찾습니다. 회사, 돈, 사람, 상황이 나를 흔든다고 생각합니다. 물론 그것들도 일부 영향을 줄 것입니다. 다만 법정 스님의 말은 그 시선을 살짝 돌려, 내 안에서 반복되는 습관적인 생각을 비춥니다.

현대인의 불안은 종종 '부족해서'가 아니라 '넘쳐서' 생깁니다. 할 일, 만남, 약속, 걱정, 기대가 한꺼번에 몰려오면 마음은 자연히 경직됩니다. 마음이 경직되면 작은 말에도 상처받고, 작은 일에도 과하게 반응하며, 관계는 쉽게 갈라집니다. 법정 스님의 말이 필요한 이유는 바로 여기에 있습니다. 법정 스님의 문장은 우리에게 확실한 해답을 주기보다는, 해답을 가로막는 혼탁한 마음의 상태를 먼저 정리하게 합니다. 다시 말해, 법정 스님의 말은 '문제 해결'이라기보다 삶을 보는 눈을 다시 맑게 만드는 '훈련'입니다.

이 책의 구성

우리는 점점 삶의 기준을 외부에 맡기는 시대에 살고 있습니다. 타인의 평가, 유행하는 성공 공식, 누군가의 자기계발 루틴이 내 삶의 잣대가 됩니다. 그러다 보면 어느 순간 '내가 원하는 것'과 '남들이 원한다고 말하는 것'이 뒤섞여, 결국 내가 진정으로 무엇을 원했는지 잊게 됩니다. 법정 스님의 말은 이 혼란 속에서 아주 단순한 방향을 줍니다. "내 삶을 내 자리에서 살라"는 것입니다. 이것은 고립되라는 것이 아닙니다. 흔들리는 기준을 다시 세우라는 뜻입니다. 내 안에 기준이 서야 남의 말에도 휘청하지 않고, 관계 속에서도 나 자신을 잃지 않게 되니까요.

이 책을 통해 법정 스님의 말을 깨우친다는 것은, 거창한 깨달음보다는 내 삶의 감각을 되찾는 일에 가깝습니다. 스님의 말을 곁에 두면, 우리는 몇 가지 중요한 변화를 경험하게 될 것입니다.

첫째, 마음의 소음을 줄이는 능력이 생깁니다. 마음이 시끄러울 때 사람은 늘 과잉 해석을 합니다. 상대의 말 한마디를 오역하고, 잠깐의 침묵을 관계의 종결로 확대합니다. 법정 스님의 말은 이런 과잉 해석을 잠시 멈추게 합니다. 멈춤이 생기면 그제야 한 박자 늦춰 바라볼 수 있게 됩니다. 그 한 박자가 관계를 살리고, 하루를 살립니다.

둘째, 삶의 우선순위가 또렷해집니다. 우리가 힘든 이유는 일이 많아서가 아니라, '중요한 것'과 '급한 것'이 뒤섞여 있기 때문인 경우가 많습니다. 법정 스님의 문장은 자주 묻습니다. "지금 당신이 붙들고 있는 것이 정말 필요한 것인가?" 이 질문을 스스로 반복해보면, 자연스럽게 삶의 중심이 정리됩니다. 내가 진짜 소중히 여기는 것을 중심에 두고, 나머지는 뒤로 물러납니다. 그러면 삶은 덜 흔들리고 더 단단해집니다.

셋째, 관계가 '상대'에서 '나'로 옮겨갑니다. 많은 관계가 힘든 이유는 사랑이 없어서가 아니라, 지나치게 기대해서입니다. 기대가 커지면 실망도 커지고, 실망이 쌓이면 결국 서로를 탓하게 됩니다. 법정 스님의 말은 관계를 바라보는 관점을 바꿉니다. 누가 옳은가를 따지는 싸움에서, 내가 어떻게 받아들일 것인가를 묻는 쪽으로 옮겨줍니다. 그러면 관계는 덜 공격적이어지고, 더 오래갑니다.

넷째, 슬픔과 상실 앞에서 무너지지 않는 중심이 생깁니다. 누구에게나 어려운 시간은 옵니다. 다만 우리는 그 상실을 견디는 방법을 충분히 배우지 못했습니다. 법정 스님의 말은 상실을 미화하지도, 억지로 극복하라고 몰아세우지도 않습니다. 대신 슬픔이 지나갈 길을 마련해 줍니다. 슬픔을 인정하고, 마음이 다시 일어설 시간을 주며, 삶이 끊기지 않게 이어내는 태도를 보여줍니다.

다섯째, '열심히'가 아니라 '제대로' 사는 감각이 돌아옵니다. 현대인은 열심히 삽니다. 그런데 제대로 살고 있는지는 잘 모르겠습니다. 법정 스님의 말은 질문의 방향을 미세하게 조정합니다. 더 빨리 가는 법보다, 내가 가는 길이 맞는지 묻는 법을 알려줍니다. 그 질문이 쌓이면, 삶의 속도는 조금 느려져도 방향은 분명해집니다.

따라서 이 책의 역할은 그저 명언 나열이 아닙니다. 법정의 말은 읽을 때는 아름답지만, 삶으로 옮기지 않으면 금세 잊히기 쉽습니다. 우리는 멋진 문장을 읽는 데 익숙하지만, 그 문장대로 살아내는 데는 서툽니다. 그래서 이 책은 법정 스님의 단순 저서 문장에만 기대지 않고, 대표 저서들뿐 아니라 강연집과 법문 기록, 정기 법회에서 실제로 건넨 말씀, 여러 자리에서 회자되어 온 핵심 문장들까지 폭넓게 엮어, '법정의 말'을 하나의 총체적인 흐름으로 만날 수 있도록 구성했습니다. 또한 각 페이지는 법정 스님의 문장과 함께 해석을 담은 철학적 에세이, 사유를 담은 '우리의 고민들'로 구성되어 있습니다. 문장은 시끄러운 생각을 멈추게 하고, 에세이는 그 문장을 오늘의 언어로 번역하며, 마지막 질문은 독자가 자기 삶에 대입해 스스로 답을 찾도록 돕습니다. 해답을 대신 말해주기보다, 해답이 자라날 자리를 마련하는 구성입니다.

삶이 정돈되면 마음이 차분해지고, 마음이 차분해지면 관계가 부드러워지며, 관계가 부드러워지면 결국 삶이 단단해집니다. 이 책의 제목

이 말하듯, 고요는 흔들리지 않는 내면의 자세이며, 단단함은 나를 지키는 힘입니다.

부디 이 책이 당신에게 그 중심을 건네는 한 권이 되기를 바랍니다. 법정 스님의 말은 멀리 있는 산중의 목소리가 아닙니다. 오늘 우리가 건네는 말 한마디, 우리가 내리는 결정 하나, 우리가 붙드는 관계 하나에서 조용히 시작되는 삶의 기술입니다. 그리고 그 조용한 기술이 쌓일 때, 우리는 더 이상 삶에 끌려가지 않고, 삶을 살아내는 사람이 됩니다.

권민수

차 례

PART 1

나는 어떻게 가벼워질 수 있을까? _비움과 자유

PART 3

일은 삶을 어떻게 바꿀까? _일·돈·시간

PART 5

슬픔은 어떻게 치유될까? _상실·병·죽음

PART 1

나는 어떻게
가벼워질 수 있을까?

_비움과 자유

#덜어내는 용기 #소유보다 존재 #고요의 기술 #홀로 서는 연습 #충분함의 감각

001
어제의 나에 머물지 않기로 했다

"사람은 어떤 묵은 데 갇혀 있으면 안 된다. 꽃처럼 늘 새롭게 피어날 수 있어야 한다. 살아 있는 꽃이라면 어제 핀 꽃하고 오늘 핀 꽃은 다르다. 새로운 향기와 새로운 빛을 발산하기 때문이다."

_「홀로 있는 시간 〈산에는 꽃이 피네〉」

새로움은 큰 결심보다 작은 전환에서 시작됩니다. 평소와 다른 자리와 속도, 말투를 시도해 보면 굳어 있던 감각이 조금씩 깨어납니다.

익숙함은 편하지만 오래 머물면 변하지 못합니다. 그래서 가끔은 묻습니다. 지금 선택이 나를 넓히는가, 어제를 복사하는가. 작은 실패는 흠집이 아니라 방향을 알려 주는 이정표입니다.

어제보다 한 뼘 더 친절하고 한 걸음 더 용감해졌다면, 오늘의 나는 이미 다른 사람입니다.

우리의 고민들...
작게라도 바꿀 수 있는 한 가지가 있다면 무엇일까?

002

내가 가진 것에 붙잡히지 않기

“우리가 무엇인가를 갖게 된다는 것은 그것이 물질이든, 집이든, 혹은 가구든, 명예든, 그만큼 거기에 얽매입니다. 소유의 대상으로부터 소유를 당하는 것입니다.”

_ 「한평생 몇 번이나 둥근달을 볼까 〈2002년 10월 27일 뉴욕 불광사 초청법회〉」

무언가를 얻는 순간 우리는 그것을 지키느라 시간과 마음을 빼앗기곤 합니다. 가진 게 많을수록 비교하고 관리해야 할 것도 늘어나 자유는 오히려 줄어듭니다.

가진 것이 영원하지 않다는 사실을 기억하면 소유는 목표가 아니라 잠시 빌려 쓰는 태도가 됩니다. 그래서 더 가지려 애쓰기보다 무엇에 얽매이지 않을지 스스로 묻는 일이 중요합니다.

기꺼이 놓을 수 있는 용기가 삶을 가볍고 단단하게 만듭니다.

우리의 고민들...
더 가지려는 마음이 내 시간을 잠식하고 있는 건 아닐까?

003
고집을 내려놓을 때

"물에는 고정된 모습이 없다. 둥근 그릇에 담기면 둥근 모습을 하고 모난 그릇에 담기면 모난 모습을 한다. 뿐만 아니라 뜨거운 곳에서는 증기로 되고, 차가운 곳에서는 얼음이 된다."

_ 「부드러움이 단단함을 이긴다 〈홀로 사는 즐거움〉」

물은 그릇에 맞춰 모양을 바꾸지만 스스로를 깎지는 않습니다. 우리도 고집만 세우기보다 상황을 보며 유연하게 대응할 필요가 있습니다.

관계에서는 나를 전부 내세우기보다 필요한 만큼만 드러낼 때 마찰이 줄어듭니다. 유연함은 아무 말이나 받아들이는 약함이 아니라, 조절할 줄 아는 힘입니다.

한 방식에만 매달리면 더 자주 다치게 됩니다. 밀어붙이기보다 흐를 줄 아는 사람이 결국 덜 상하고 더 멀리 나아갑니다.

우리의 고민들...
나는 나의 원칙과 해결 방식을 상황에 따라 변화시킬 수 있는가?

004
미움에서 빠져나와
나를 다시 세우기

"용서란 타인에게 베푸는 자비심이라기보다, 흐트러지려는 나를 나 자신이 거두어들이는 일이 아닐까 싶었다."

_「탁상 시계 이야기 〈무소유〉」

용서는 상대를 무조건 좋게 보려는 일이 아니라, 원망이 더 커지지 않게 내 마음부터 정리하는 선택입니다.

미움에 붙잡히면 에너지가 새고 판단이 좁아지니, 말을 줄이고 숨을 고르며 감정을 가라앉혀 사실과 내 해석을 구분해 보세요. 용서는 사건을 없던 일로 만드는 게 아니라 내 하루를 그 일에 내주지 않겠다는 결심이기에, 화해와는 별개로 단호해져야 합니다.

그렇게 원망의 사슬을 끊으면 시간은 다시 앞으로 흐르고, 나를 되찾게 됩니다.

우리의 고민들...
상처를 잊는 척하며 버티는 게 용서라고 착각하고 있지는 않았나?

005

삶에 꼭 필요한 것만 남겨보니

"무소유란 아무것도 갖지 않는다는 뜻이 아닙니다. 무소유는 아무 것도 갖지 않는 것이 아니라 불필요한 것을 갖지 않는 것입니다."

_「필요의 경계 〈맑고 향기롭게〉」

불안할수록 우리는 더 많이 쥐어 마음을 달래지만, 늘어난 소유는 관리와 걱정을 키웁니다.

무소유는 모두 버리는 일이 아니라 내 삶에 정말 필요한 것만 남기고, 물건, 습관, 계획 등에서 불필요한 몫을 덜어내는 '선택의 기준'을 세우는 일입니다.

불필요한 것들을 덜어내면 걱정할 것도 줄어들고, 자연스럽게 마음이 편안해집니다.

우리의 고민들...

지금 내 방과 가방, 휴대폰 안에 '없어도 괜찮은 것'이 얼마나 될까?

급할수록 한 번 굽어가기

"직선은 조급하고 냉혹하고 비정합니다. 곡선은 여유와 인정과 운치가 있습니다. 이와 같은 '곡선의 묘미'에서 삶의 지혜를 터득할 수 있어야 합니다."

_「직선으로 가지 말고 곡선으로 돌아가라 〈2005년 10월 16일 가을 정기법회〉」

서두르면 빨리 성과를 낼 수는 있지만 숨이 가빠지기 쉬우니, 때로는 돌아가는 곡선이 시야를 넓히고 길을 더 단단하게 만듭니다.

빠르게 결정 내리고 싶은 본능적인 마음을 잠시 멈추고, 나를 심문하듯 몰아붙이는 질문의 속도를 늦추어 보세요. 오히려 실질적인 해결책이 모습을 드러낼 겁니다.

과정의 굴곡을 실패로만 보지 말고 일정과 감정의 리듬을 안정시키면, 결국 더 멀리 여유롭게 도착할 수 있습니다.

우리의 고민들...

빨리 끝내야 한다는 압박에 과정의 가치를 스스로 깎고 있는 거 아닐까?

007
행복을 찾는 가장 가까운 질문

"'행복의 기준이 무엇인가?'라고 생각하기보다는 행복은 어디에 있는가를 살펴보아야 합니다. 각자 자신의 행복이 어디에 있는지 헤아려 보십시오."

_「봄날의 행복론2 〈2003년 4월 20일 봄 정기법회〉」

행복을 재기 전에, 먼저 행복이 머무는 자리가 어딘지 살펴야 합니다. 남의 기준을 따라가면 좋아 보일지 몰라도 마음은 비어 있기 쉽습니다.

내 삶의 기쁨은 무엇을 가졌는가보다 어디에 머물며 시간을 쓰는가에 달려 있습니다.

무엇을 할 때 숨이 트이고, 누구와 있을 때 마음이 넓어지는지 알아차릴 때 비로소 나만의 리듬이 생깁니다. 그 리듬 속에서 자연스레 몰입이 자라고, 행복은 목표가 아니라 하루의 습관이 됩니다.

우리의 고민들...

지금 내가 머무는 자리와 쓰는 시간이, 정말 내가 원하는 삶의 방향과 맞을까?

008
마음의 문을 열면
삶이 가벼워진다

"마음을 열고 사는 사람과 닫고 사는 사람은 그것이 얼굴에 그대로 드러납니다. 짐스럽고 내가 괴로우므로, 훨훨 벗어 버리십시오."

_「한평생 몇 번이나 둥근달을 볼까 〈2002년 10월 27일 뉴욕 불광사 초청법회〉」

닫힌 마음은 세상을 위협으로 느끼게 하고 우리를 굳은 표정 속에 가둡니다.

삶의 무게는 사건 그 자체보다 그것을 비틀어 해석하는 내 마음에서 생겨납니다.

집착을 내려놓고 한 박자 멈춰 들을 때 표정은 부드러워지고 관계는 넓어집니다. 마음의 문을 열고 가벼워진 그 자리에서야 비로소 곁에 있던 소중한 것들이 보이기 시작합니다.

우리의 고민들...
나를 지키겠다는 마음이 오히려 사람을 밀어내고 있는 건 아닐까?

009

언젠가 떠날 걸 알기에,
오늘은 가볍게

"문제를 극복하기 어려울 때마다 이렇게 생각해야 합니다. '나는 영원히 사는 존재가 아니다. 언젠가는 이 세상과 작별할 것이다.' '살아 있는 이때, 내가 나를 비워야 한다.'"

_「생명 자체가 하나의 기적 〈2008년 4월 20일 봄 정기법회〉」

언젠가 끝이 온다는 사실을 떠올리면 오늘의 가치는 또렷해집니다. 자존심은 줄어들고, 미뤄 둔 감사와 화해를 지금 말하고 싶어집니다.

붙잡을 인연과 풀어야 할 매듭을 가려 보게 되고, 내려놓음은 포기가 아니라 자유가 됩니다.

모든 것이 변한다는 걸 알면 당연한 것은 줄고 고마움은 커집니다.

우리의 고민들...

지금 당장 풀어야 할 매듭은 무엇이고, 더 품어야 할 인연은 무엇일까?

010
소유를 내려놓을 때,
아름다움이 보인다

"아름다움은 결코 소유할 수 없습니다. 남이 가졌다고 해서 충동 적으로 가지려고 하면 아름다움과는 거리가 멀어집니다. 소유로부터 자유로울 때 비로소 아름다움을 누릴 수 있습니다."

_「승복 입은 도둑들 〈2007년 10월 21일 가을 정기법회〉」

아름다움은 손에 쥘 때보다 가만히 바라볼 때 더 또렷해집니다. 내 것이라는 생각에 매달릴수록 아름다움은 더 먼 곳으로 물러납니다.

소유하려는 마음을 잠시 내려놓고 한 박자 멈춰 볼 때, 그것은 제빛 을 드러냅니다. 남과 비교하기보다 눈앞의 색과 결에 집중하면, 갖지 않 고도 깊이 즐길 수 있습니다.

결국 아름다움은 가지려는 힘이 아니라, 가볍게 바라봐 줄 수 있는 여유에서 자랍니다.

우리의 고민들...
무엇이든 사진으로 남겨야만 본 것 같다는 강박이 내 눈앞의 순간을 가리고 있는 건 아닐까?

011
멈춘 마음을 깨우는 한 걸음

"고여 있는 물은 썩게 마련이다. 침체의 늪에서 벗어나 드넓은 바다를 향해 흘러갈 때 물을 새 생명을 얻는다. 출렁이며 흐르는 물은 고여 있던 물과는 그 질이 같을 수 없다."

_「출가 〈맑고 향기롭게〉」

물이 멈추면 탁해지고 흐르면 맑아지듯, 우리 삶도 조금이라도 움직일 때 생기를 되찾습니다. 지루함은 상황 때문이 아닌, 내가 같은 생각과 행동을 반복할 때 깊어집니다.

거창한 결심이 아니어도 됩니다. 오늘의 걸음, 말, 시선을 조금만 바꾸고, 오래 붙잡고 있던 기대와 습관을 조금씩 내려놓는 것만으로도 마음의 결이 달라집니다.

이렇게 작은 움직임이 이어질 때 비로소 내 삶의 방향이 또렷해집니다.

우리의 고민들...
나는 지금 익숙한 것에서 벗어나는 것이 두려운가? 벗어나려면 어떻게 해야 할까?

012

남 탓을 멈추는 순간

"오늘 내가 겪는 불행이나 불운을 누구 때문이라고 생각하지 말라. 남을 원망하는 그 마음 자체가 곧 불행이다. 행복은 누가 만들어서 갖다주는 것이 아니라 내 자신이 만들어간다."

_「꽃에게서 들으라 〈홀로 사는 즐거움〉」

행복은 누가 가져다주는 선물이 아니라, 내가 어떤 태도로 하루를 대하느냐에서 자랍니다. 남 탓만 하면 문제의 열쇠를 스스로 놓쳐 버립니다. 상황이 거칠어도 이 안에서 내가 할 수 있는 한 걸음을 찾을 때 마음은 방향을 되찾습니다.

감정에 휩쓸리기보다 잠시 숨을 고르고 비교를 거두면, 이미 가진 행복이 다시 보입니다.

우리의 고민들…
왜 기대가 어긋날 때마다 자동으로 '누구 탓'부터 떠오를까?

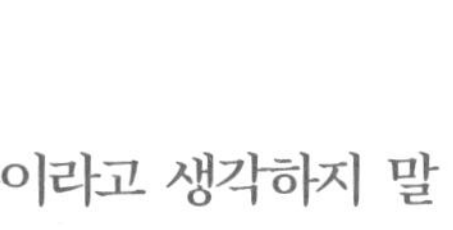

013

꺾이지 않는 마음으로 다시

"새날을 비상하는 의지의 날개가 꺾이지 않는 한 좌절이란 있을 수 없다. 어제를 딛고 오늘은 일어서야 한다."

_「또 봄이 오는가 〈영혼의 모음〉」

좌절은 일어난 일에 대해 내가 붙인 해석에 가까우니, 넘어짐을 실패로 단정하기보다 배움의 마음으로 보면 다시 길이 보입니다.

의지는 제시간에 일어나기, 조금 더 친절하기 같은 작은 약속을 반복하며 자라니, 실수는 부정하지 않되 원인을 살펴 다음 선택에 반영해 보세요.

내 속도로 걷되 몸을 움직이며 숨을 고르면 마음도 따라 정돈되고, 현실을 보면서도 한 걸음을 내딛는 태도가 쌓여 내일을 바꿉니다.

우리의 고민들…
결과가 더딘 날, 나는 과정을 어떻게 해석하고 있을까?

고요 속에서 나를 다시 만나다

"홀로 있는 시간은 본래의 자기로 돌아올 수 있는 기회다. 발가벗은 자신과 마주할 수 있는 유일한 계기다. 하루하루 내가 어떻게 살고 있는지를 비춰볼 수 있는 거울 앞이다."

_「소창다명 〈서 있는 사람들〉」

고독은 결핍이 아니라 흩어진 마음을 거두어 나에게로 돌아오는 시간입니다. 혼자 있을 때 우리는 역할과 체면을 벗고, 무엇이 두렵고 무엇이 좋은지 솔직하게 마주하게 됩니다.

말이 줄어든 조용한 순간은 오늘의 선택이 진짜 내 뜻이었는지 비춰 주고, 남의 박수 없이도 스스로 납득하는 힘을 길러 줍니다.

외로움이 '누가 나를 채워 주길 바라는 상태'라면, 고독은 나만의 속도를 찾는 연습입니다. 이 시간을 잘 견딜수록, 사람들 사이에 서도 나를 잃지 않게 됩니다.

우리의 고민들...

조용해지면 불안해지는 이유는 무엇일까, 그 불안은 누구의 기준에서 왔을까?

015
가벼움의 매력, 느슨함의 품격

"아무것도 가진 것 없고 차지한 것도 없지만 맑고 조촐하게 살아
가는 사람에게 우리 마음이 끌리는 것은, 그에게서 무엇을 얻으려고
해서가 아니라 그와 함께 모든 것을 버리고 싶어서인 것이다."

_「꽃처럼 피어나게 〈새들이 떠나간 숲은 적막하다〉」

많이 가진 사람보다 가볍게 사는 사람에게 마음이 끌릴 때가 있습니다.

욕심의 먼지가 걷힌 삶은 함께 있는 이도 편안하게 만들지요. 필요
한 것만 두고 나머지를 내려놓으면 감사가 자리 잡고, 관계에서도 '이만
하면 됐다'라는 마음이 자랍니다.

팽팽하게 겨루는 힘보다 곁을 느슨하게 해 주는 힘이 진짜 매력입니
다. 내 것을 줄일수록 상대가 숨 쉴 자리가 넓어집니다.

우리의 고민들...
누군가 나를 만났을 때, 나의 조건이나 배경을 이용하고 싶어 하는가, 아니면 나와 함께 쉬고 싶어 하는가?

맑음과 흐림이 함께 하는 연습

"맑게 갠 날과 잔뜩 흐린 날은 같은 하늘 아래서 일어나는 음양의 조화다. 즐거움과 괴로움도, 건강과 질병도, 행복과 불행도 같은 삶의 뿌리에서 나누어진 가지들이다."

_「농촌을 우리 힘으로 살리자 〈새들이 떠나간 숲은 적막하다〉」

하늘에 맑음과 흐림이 함께 있듯, 우리 삶도 기쁨과 아픔이 섞여 있습니다. 좋은 순간만 붙잡으려 하면 마음은 오히려 얄아지고 거칠어집니다.

힘든 일과 병은 기쁨을 망치기보다, '무엇이 소중한지' 삶의 우선순위를 다시 보여줍니다.

감정을 억누르기보다 스쳐 가게 둘 때 우리는 덜 휩쓸립니다. 날씨를 바꿀 수 없듯 밝고 어두운 시간을 모두 입는 법을 배울 때, 하루는 조금 더 깊고 단단해집니다.

우리의 고민들...
이 괴로움 끝에 내가 얻을 수 있는 건 무엇일까?

017

'언젠가'가 아니라 '오늘'에 있다

"사람은 내일에 가서 잘 사는 게 아니라, 그날그날을 잘 살 수 있어야 한다. 미래를 위해서 현재를 희생한다면 그 미래조차 무의미해지고 말 것이다."

_「불타는 연옥3 〈산방한담〉」

좋은 내일은 언젠가 저절로 오는 선물이 아니라, 오늘을 대하는 태도에서 만들어집니다. 먼 목표를 이유로 현재의 가까운 사람을 계속 깎아 먹는다면 이미 방향을 잃은 것입니다.

불필요한 계획과 과한 기대를 덜어낼수록 지금 해야 할 일에 더 또렷이 집중하게 됩니다. 목표는 어느 쪽으로 갈지만 알려 주는 나침반이면 충분합니다.

매일, 매 순간을 정성 들여 대우하는 습관이 쌓일 때, 우리가 바라는 미래도 조용히 단단해집니다.

우리의 고민들…

먼 미래를 기대하며 오늘을 희생하고 있는 건 아닐까?

018
생각에서 한 걸음 물러서는 연습

"머리는 어떤 의미에서 불순하다. 따지고 캐고 의심하고 자꾸만 묻기 때문이다."

_「침묵에 기대다 〈물소리 바람소리〉」

생각은 필요하지만 너무 많아지면 눈앞의 현실이 흐려집니다. 머릿속 해석을 잠시 멈추고 조용히 숨에 집중하면, 일이 과장되지 않은 본래 모습으로 보이기 시작합니다.

당장 판단하지 않고 '조금 더 보자' 하고 기다리는 태도는 회피가 아니라 더 정확히 보기 위한 준비입니다. 말을 줄이고 듣는 시간을 늘릴수록 상대의 표정이 또렷해지고, 내 마음의 파도도 차분해집니다.

결국 지혜는 불필요한 생각을 알아차리고 거기서 한 걸음 물러설 때 자라납니다.

우리의 고민들...
확신을 얻으려는 조급함이 오히려 관계와 선택을 흐리게 만드는 건 아닐까?

019
조촐하게 살아도 마음은
넉넉해지는 이유

"행복의 조건은 결코 크거나 많거나 거창한 데 있지 않다. 그것은 지극히 단순하고 소박한 데 있다. 조그마한 일을 가지고도 우리는 얼마든지 행복해질 수 있다."

_「풍요로운 감옥 〈물소리 바람소리〉」

행복은 거창한 사건이 아니라 오늘 마주치는 작은 순간을 어떻게 대하는지에서 자랍니다.

불필요한 비교와 장식을 덜어내고, 내게 맞는 속도를 지키면 마음은 한결 가벼워집니다. 가진 것의 쓰임을 떠올리며 감사할수록 욕심의 속도는 느려지고, 관계도 계산보다 배려로 기웁니다.

크기를 키우기보다 지금 하는 일에 정성을 다할 때 하루의 밀도가 높아지고, 그렇게 쌓인 습관이 조용히 단단한 행복을 만들어 줍니다.

우리의 고민들...

행복을 크기로만 재다가, 작은 기쁨을 흘려보내고 있는 건 아닐까?

020

지루한 하루에 즐거움 한 스푼

"우리 일상이 따분할수록 사는 즐거움을 우리가 몸소 만들어내야 한다. 즐거운 삶의 소재는 멀리 있지 않고 바로 우리 곁에 무수히 널려 있다."

_「뜰에 해바라기가 피었네 〈오두막 편지〉」

기쁨은 내가 어디에 시선을 두느냐에서 시작됩니다. 평소와 같은 하루도 오늘의 속도로 다시 걸으면 다른 얼굴을 합니다.

물 한 잔, 창밖 새소리, 사소한 책상 정리 같은 일상적인 일에 잠시 마음을 얹어 보세요. 지금 눈앞의 사람과 일을 깊이 대할 때 순간의 밀도가 달라집니다.

결국 어떤 세상을 사는지는 오늘 내가 고른 시선이 정합니다.

우리의 고민들...

매일이 똑같은 하루라며 불평하고 있지는 않나?

021
내 것이 아닌 것들로부터 떠나기

"언젠가 우리에게는 지녔던 모든 것을 놓아 버릴 때가 온다. 반드시 온다! 그때 가서 아까워 망설인다면 그는 잘못 살아온 것이다. 본래 내 것이 어디 있었던가."

_「다시 채소를 가꾸며 〈아름다운 마무리〉」

우리는 가진 것이 아니라 잠시 맡아 돌보는 사람들입니다. 언젠가 손에서 떠날 것을 알면, 오늘 누구와 함께하고 무엇에 감사할지 더 분명해집니다.

더 모으기보다 지금 가진 것을 제대로 쓰려고 할 때 선택이 단순해지고 마음도 가벼워집니다.

관계에서도 함께한 시간에 고마움을 남기려 할 때, 머무름도 떠남도 조금 덜 아프게 지나갑니다.

우리의 고민들...

떠나보내고 더 잘해줄 걸 후회했던 경험을 반복하지 않으려면 어떻게 해야 할까?

022

버릴수록 나대로 선명해진다

"버리고 떠난다는 것은 곧 자기답게 사는 것이다. 자기답게 거듭 거듭 시작하며 사는 일이다. 낡은 탈로부터, 낡은 울타리로부터, 낡은 생각으로부터 벗어나야 새롭게 시작할 수 있다."

_「홀로 있는 시간 〈산에는 꽃이 피네〉

새출발은 오래 쓰던 가면을 조용히 벗는 일입니다. 남의 기대에 맞춘 역할은 한동안 나를 지켜 주지만, 언젠가 내 목소리를 흐리게 만듭니다.

떠난다는 건 기준을 다시 고르는 일입니다. 익숙함은 편하지만, 그 자리에만 머무르면 금세 생기가 줄어듭니다. 조금 불편해지더라도 다른 보폭으로 나아가려 할 때 길이 새로 보입니다.

가볍게 비워 낸 자리에서는 집중하기 쉽고, 그 집중 위에서 고른 선택이 쌓이면 삶의 방향도 천천히 달라집니다.

우리의 고민들...

남의 기대에 부응하느라 정작 나다운 선택을 몇 번이나 미뤄 왔는가?

늪에서 나와,
다시 흐르는 삶으로

"생명은 늘 흐르는 강물처럼 새롭다. 그런데 틀에 갇히면, 늪에 갇히면, 그것이 상하고 만다. 거듭거듭 둘레에 에워싼 제방을 무너뜨리고라도 늘 흐르는 쪽으로 살아야 한다."

_「홀로 있는 시간 〈산에는 꽃이 피네〉

삶의 질은 변화의 속도를 받아들이는 태도에 달려 있습니다. 익숙함은 편하지만 오래 붙들면 흐려집니다.

우리가 실패보다 두려워하는 건 낡은 습관을 깨는 작은 불편이니, 고정된 해석과 관성을 조금씩 풀어보세요.

눈길과 말투, 일정에 작은 틈을 내고 감정도 제때 흘려보내면, 시야가 넓어지고 하루가 조용히 새로워집니다.

우리의 고민들...

관계와 일에서 익숙해진 방식들이 내 가능성의 물길을 막고 있는 건 아닐까?

아무것도 없어서
오히려 가득한 날

"빈방에 홀로 앉아 있으면 모든 것이 넉넉하고 충분하다. 텅 비어 있기 때문에 오히려 가득 찼을 때보다도 충만하다."

_「텅 빈 충만 〈텅 빈 충만〉」

비어 있음은 삶을 또렷하게 하는 조건입니다. 물건과 사람을 조금 덜어내면 마음이 가벼워지고, 시간도 제 호흡을 찾습니다. 그런 틈이 있어야 이미 가진 것들의 쓰임이 보이고, 생각도 더 깊이 이어집니다.

홀로 있는 순간은 버려지는 시간이 아니라 남의 눈에서 벗어나 스스로 선택을 되찾는 연습입니다. 그렇게 한 칸 비워 둘 때 그 자리에서 감사가 자라고, 하루의 품격이 조용히 채워집니다.

우리의 고민들...
혼자 있는 시간이 불안해서, 정작 나를 알아볼 여백을 잃어버린 건 아닐까?

025

세상에 하나뿐인 나로 사는 법

"사람은 저마다 단 하나뿐인 독창적인 존재입니다. 똑같은 사람은 없습니다. 설령 쌍둥이라 하더라도 다릅니다. 누구나 이 세상에 단 하나밖에 없는 귀한 존재입니다."

_「한평생 몇 번이나 둥근달을 볼까 〈2002년 10월 27일 뉴욕 불광사 초청법회〉」

나다움은 남과 다른지 비교하는 게 아니라 내가 좋아하는 것과 지키고 싶은 가치를 분명히 하는 데서 시작됩니다.

타인의 성공을 그대로 따라 하면 편해 보여도 내 리듬을 잃기 쉬우니, 내 속도와 분량을 정해 선택을 단순하게 해보세요.

실패와 상처까지 숨기지 않고 다루며 작은 정성을 반복할 때 신뢰가 쌓이고, 그 신뢰가 나의 일을 깊게 하며 삶도 더 단단해집니다.

우리의 고민들...

지금 선택이 진짜 나의 취향과 가치를 반영하는가, 아니면 비교의 두려움에 밀린 결정일까?

행복을 좇지 않기로 한 날

"행복은 요구하고 추구할 수 있는 것이 아닙니다. 주어지는 것입니다. 하나의 선물입니다. 행복은 우리가 요구하고 추구한다고 해서 달성할 수 있는 것이 아닙니다."

_「봄날의 행복론1 〈2006년 4월 16일 봄 정기법회〉」

행복은 목표처럼 좇아가 붙잡기보다, 찾아오는 순간을 알아채고 받아들이는 것입니다.

무엇을 꼭 얻어야 한다는 집착을 조금 내려놓고 오늘의 작은 고마움을 하나씩 확인해 보면 현재가 또렷해집니다.

기대와 비교의 볼륨을 낮추고 내 속도를 지키며 관계와 몸을 잘 돌볼 때, 여백이 생기고 그 위로 평온이 자연스럽게 찾아옵니다.

우리의 고민들...

나는 행복을 '이뤄야 하는 목표'로 만들고 있지 않은가? 그것을 이루지 못하면 정말 행복해질 수 없는가?

027

가려둘 줄 아는 마음의 미(美)

"아름다운 것은 적당히 가려져 있어야 합니다. 멋이란 가려진 아름다움입니다. 세련된 기품은 가려진 것입니다. 꽃에서 향기가 배어 나오듯 그렇게 배어 나와야 합니다."

_「미워하고 사랑하는 마음만 멈춘다면 〈2002년 10월 20일 10월 정기법회〉」

과시는 잠깐 눈길을 끌지만 금세 사라지기에, 필요한 만큼만 드러내고 행동으로 보여줄 때 신뢰가 쌓입니다.

관계도 서둘러 다 보여주기보다 시간을 두고 천천히 알아가면 깊어지며, 일도 여백을 남길수록 상대가 이해하고 참여할 틈이 생깁니다.

과한 것을 덜어내 중심을 또렷하게 만들면, 화려함보다 오래 남는 잔향이 삶의 품위를 만들어줍니다.

우리의 고민들...

나를 증명하려는 조급함 때문에 불필요한 말과 과장을 덧바르고 있는 건 아닐까?

남의 답 말고, 내 삶의 기준

"자신이 무엇을 위해 살고 있는지, 어떻게 살아야 잘 사는 것인지 저마다 가치판단이 분명해야 됩니다. 각자의 업이 다르기 때문입니다."

_「중노릇하면서 빚만 많이 졌다 〈2008년 8월 15일 여름안거 해제〉」

삶의 품질은 정답을 찾는 데보다 내 기준을 선명히 세우는 데서 시작되며, 남의 잣대를 빌리면 쉬워 보여도 방향을 잃기 쉽습니다.

그래서 나는 무엇에 시간과 주의를 쓰는지 기억하고, 내 기질과 상황에 맞는지 살펴보며 확인하면 해야 할 일과 내려둘 일이 갈립니다.

기준을 몇 가지로 줄이고 필요할 땐 잠깐 멈춰 점검하면 일상은 가벼워지고, 작은 결정들이 모여 결국 나만의 길을 단단히 만들어줍니다.

우리의 고민들...

나는 지금 누구의 기준으로 하루를 보내고 있는가?

029

붙잡지 않아도 남는 것들

"바람이 나뭇가지를 스치고 지나가듯이 그렇게 스쳐 지나가야 합
니다. 그렇다고 해서 그 공덕이 어디로 가지 않습니다. 무슨 일에도
매이지 말라는 뜻입니다."

_「홀로 우뚝 자기 자리에 앉으라 〈2008년 5월 24일 여름안거 결제〉」

좋은 일도 오래 붙들면 마음이 무거워져 짐이 되기 쉬우니, 할 만큼
했으면 집착하지 말고 흘려보내는 편이 좋습니다.

칭찬과 비난은 바람처럼 지나가게 두고, 내 기준을 세워 결과에 매이
지 않는 균형을 연습해 보세요.

내가 세운 공로마저 미련 없이 떠나보내면 다툼은 사라지고 관계는
부드러워집니다.

우리의 고민들...
오랫동안 나의 마음을 무겁게 짓누르고 있는 그 일은 진정으로 해결하기 어려운 문제일까, 아니면 내가 붙잡고 있는
걸까?

좁아진 마음을 풀어내는 법

"모두를 받아들이는 것은 우리의 본심, 본마음이고, 바늘 하나 꽂을 자리 없이 옹색하고 뒤틀린 마음은 내 마음이 아닙니다."

_「생명 자체가 하나의 기적 〈2008년 4월 20일 봄 정기법회〉」

마음을 회복한다는 것은 불편한 진실을 부정하지 않고 사실대로 수용하는 용기를 갖는 일입니다.

현실을 인정하면 감정에 휘둘리지 않고 객관적으로 받아들일 여유가 생기죠.

진짜 내 마음을 깨달았을 때, 비로소 우리의 세상도 넓어집니다.

우리의 고민들...
내가 옳다는 조급함이 대화를 막고 있는 건 아닐까? 왜 다름을 보자마자 거절부터 준비할까?

031
아끼지 않아도 마르지 않는 것

"진정한 아름다움은 샘물과 같아서 아무리 퍼내도 다함이 없습니다. 그러나 가꾸지 않으면 솟아나지 않습니다."

_「승복 입은 도둑들 〈2007년 10월 21일 가을 정기법회〉」

아름다움은 타고난 외양이 아니라, 말과 약속을 지키는 작은 정성을 꾸준히 반복하며 만드는 기품입니다.

비교와 평가에 크게 흔들리지 않도록 균형을 잡고, 매일 책을 읽고 몸을 움직이며 나를 위해주는 주변인들을 먼저 알아보면 마음이 맑아집니다.

비교와 조급함을 줄이고 부드럽고 성실하게 대하는 습관을 이어갈 때, 향기처럼 품격이 배어 나와 오래 남습니다.

우리의 고민들...
나는 겉모습을 가꾸는 데 시간을 쓰느라 정작 매일의 순간을 소홀히 하고 있는 건 아닐까?

032
어떤 날에도 나를 깨우는 연습

"삶의 질은 결코 물질적인 풍요에 달려 있지 않습니다, 어떤 여건 아래서도 우리가 잠들지 않고 깨어 있다면 삶의 질은 얼마든지 향상될 수 있습니다."

_「2007년 8월 27일 여름안거 해제 〈소욕지족 소병소뇌〉」

삶의 깊이는 얼마나 많이 가지느냐보다, 지금 이 순간을 얼마나 또렷이 바라보느냐에 달려 있습니다.

불편한 상황도 달아나지 않고 마주하면 배움의 자리가 됩니다. 더 많은 성취로 공허를 덮기보다, 욕심의 반응을 한 박자 늦추는 연습이 필요합니다.

한 잔의 물, 한마디의 말, 한 번의 숨에 마음을 둘 때, 거친 하루도 방향과 의미를 조금씩 되찾을 수 있는 것이죠.

우리의 고민들...

하루를 채우는 수많은 자극 속에서, 나는 무엇을 보고 무엇에 반응하며 살아가고 있는가?

더 가지려 할수록 더 목마른 이유

"우리 일상생활이 그렇습니다. 보다 크고 많은 것만을 원합니다. 그렇기 때문에 늘 갈증 상태입니다. 물속에 있으면서도 목말라하는 격입니다."

_「물속의 물고기가 목마르다 한다 〈2005년 2월 23일 겨울안거 해제〉」

남들과 나를 비교하기만 하면 많이 가져도 늘 부족하게 느껴져 허기가 남습니다.

그래서 큰 결심보다 먼저, 이미 가진 것의 쓰임과 가치를 또렷이 느끼며 '내 기준'으로 하루를 다시 보려는 시선 전환이 필요합니다.

더 갖기 전에 더 제대로 보려는 태도가 자리 잡으면 욕심은 힘을 잃고, 일상은 소비가 아니라 참여의 자리로 바뀌어 목마름도 한결 잦아듭니다.

우리의 고민들...
나는 정말 부족한가, 아니면 부족하다고 느끼도록 비교하고 있는가?

034

내가 고른 삶이라면,
그 자체로 품격이 된다

"오늘처럼 모든 것이 넘쳐나는 세상에서는 부자가 되기는 어렵지 않지만, 투철한 삶의 질서를 지니고 스스로 가난하게 살기는 참으로 어렵다."

_「청빈의 향기 〈새들이 떠나간 숲은 적막하다〉」

풍요의 시대엔 더 사는 것보다 덜어내는 선택이 어려우니, 유행과 비교 대신 내 일과 관계를 맑게 하는 기준을 세우는 게 필요합니다.

비움이 목표가 아니라 흐트러지지 않기 위한 하나의 방법이 될 때 마음은 가벼워지고, 삶의 결이 또렷해지죠.

작은 절제를 반복해 나만의 선을 정해둘수록 가치는 가격표가 아니라 태도에서 증명됩니다.

우리의 고민들...
나는 덜 가지는 선택을 스스로의 기쁨으로 삼고 있는가, 아니면 남의 시선을 의식한 것인가?

한 생을 지나도
사라지지 않는 가치

"결국 한 생애에서 무엇이 남습니까? 얼마만큼 사랑했는가, 얼마만큼 베풀고 나누었는가, 그것만이 재산으로 남습니다. 그 밖의 것은 다 허무하고 무상합니다."

_「어디서 왔으며 무엇을 위해 왔는가 〈2005년 5월 15일 부처님 오신 날〉」

시간이 지날수록 사람은 무엇을 가졌는지보다 누구와 어떻게 지냈는지로 더 또렷이 기억됩니다.

성과와 소유는 잠깐은 주목받지만, 결국 남는 것은 사랑을 받고 손을 내밀고 함께 나눈 순간들입니다.

큰 희생이 아니라 약속을 지키고 주변을 살피는 작은 베풂을 반복할 때, 관계 속 신뢰와 따뜻함이 사라지지 않는 흔적으로 남습니다.

우리의 고민들...
바쁘다고 주변인을 자꾸 뒷순위로 미루는데, 나중에 후회하게 되진 않을까?

PART 2

불안은
왜 자꾸 올라올까?

_두려움과 신뢰

#생각 내려놓기 #결과에서 과정으로 #맡김과 신뢰 #현재로 돌아오기 #될 일은 된다

036
익숙함을 멈추면 보이는 것들

"세상일에 휘말려서 우리 둘레에 꽃이 피는 이 가슴 벅찬 사실을
당연한 것이라 생각하지 마십시오."

_「봄날의 행복론1 〈2006년 4월 16일 봄 정기법회〉」

하루가 바쁘면 계절의 변화나 길가의 꽃처럼 가까운 아름다움을 놓
치기 쉬우니, 속도를 조금 늦추고 창밖의 빛과 바람을 의식적으로 한 번
더 느껴보는 게 도움이 됩니다.

감사는 큰 사건이 아니라 길에 핀 들꽃, 따뜻한 밥 한 끼, 누군가의
미소 같은 작은 장면에서 자라며, 당연하다고 넘기던 순간을 새롭게 바
라볼 때 삶의 감각이 살아납니다.

이렇게 오늘을 소중히 대하면 마음이 따뜻해지고, 그 온기가 관계도
부드럽고 단단하게 만듭니다.

우리의 고민들...
오늘 내가 새로이 바라볼 한 장면은 무엇일까?

037

같은 현실, 다른 해석의 힘

"아름다운 장미꽃에 하필이면 가시가 돋쳤을까 생각하면 속이 상한다. 하지만 아무짝에도 쓸모없는 가시에서 저토록 아름다운 장미꽃이 피어났다고 생각하면 오히려 감사하고 싶어진다."

_「너무 일찍 나왔군 〈무소유〉」

행복과 불행은 사건의 크기보다 그 일을 어떻게 해석하느냐에 달려 있으니, 같은 상황에서도 불운에 좌절하기보다 배움이나 다음 행동을 찾는 시선을 훈련해야 합니다.

이를 위해 먼저 사실을 정확히 직시하고 판단은 잠시 분리한 뒤, 어떤 의미를 붙일지 선택해 보세요.

불편한 순간마다 감사한 요소를 하나라도 찾는 연습을 반복하면 평온이 자라 같은 삶도 더 부드럽게 바뀝니다.

우리의 고민들...

과정은 들여다보지 않은 채 결과만 단정하고 있는 건 아닐까?

내가 그린 사랑과 진짜 당신 사이

"그러고 보면 사랑한다는 것은 이해가 아니라 상상의 날개에 편승한 찬란한 오해다. "나는 당신을 죽도록 사랑합니다"라는 말의 정체는 "나는 당신을 죽도록 오해합니다"일지도 모른다."

_「오해 〈무소유〉」

사랑을 시작할 때 우리는 상대에게 기대를 먼저 덧씌우기 쉬우니, 오래 가려면 내 상상을 현실과 자주 맞춰 보는 습관이 필요합니다.

"왜 저럴까" 대신 "무슨 사정이 있었을까"로 묻고 이유를 들으며, 원하는 것과 싫은 것을 차분히 말해 오해가 생기지 않도록 조율하면 신뢰가 자랍니다.

상대의 생각을 완전히 알 수는 없어도 자주 묻고 고치려는 노력이 쌓일 때, '내 생각'이 아니라 '우리의 사실'이 관계를 지탱합니다.

우리의 고민들...

내가 사랑하는 것은 그 사람인가, 내가 만든 이미지인가?

변하는 것을 받아들이는
담담한 지혜

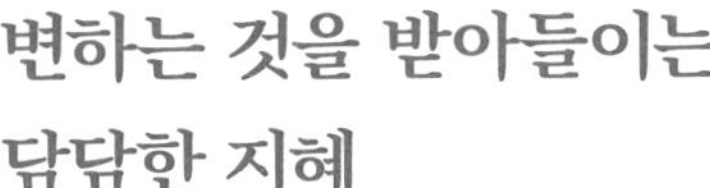

"지혜를 얻는 것은 어려운 일이 아닙니다. 불행한 일이 일어났을 때 '이것은 고정된 것이 아니다. 이것은 변화한다. 이것도 곧 사라질 것이다'라고 자각하면 큰 지혜에 이른 것입니다."

_「마음속 금강보좌에 앉으라 〈2006년 12월 5일 겨울안거 해제〉」

고통이 커지는 건 이 상태가 '계속될 것'처럼 느끼기 때문이지만, 실제로 시간은 조금씩 앞으로 갑니다. 그래서 "영원히" 같은 단어를 내려놓고 이것도 지나가는 과정임을 기억하면 숨이 편안해지고 선택지가 늘어납니다.

불행을 당장 없애려 하기보다 파도처럼 지나가게 두면, 오해와 실패, 불편도 형태를 바꾸며 약해집니다. "지금은 지나가는 중이다"를 되뇌는 습관이 흔들려도 부서지지 않게 해줍니다.

우리의 고민들...

지금 나를 괴롭히는 이 불행이 결코 변하지 않을 것이라 믿고 있지는 않은가?

시간은 같아도
하루는 다르게 흐른다

"사람은 심리적인 시간으로부터 자유로울 수 있어야 합니다. 물리적인 시간은 타의적이고 외부적인 것입니다. 심리적인 시간은 자주적입니다."

_「봄날의 행복론1 〈2006년 4월 16일 봄 정기법회〉」

시계는 모두에게 똑같은 속도로 가지만, 하루의 체감은 내가 어디에 주의를 두느냐에 따라 달라집니다.

마감과 약속이 정해져 있어도 걱정은 시간을 앞당겨 쓰게 하고 후회는 과거에 묶어 두죠. 그 때문에 지금 할 일에 집중해야 우선순위가 또렷해지고 순간이 넓어집니다.

마음의 속도를 정한다는 건 무조건 느리게가 아니라, 내 리듬을 지키는 것입니다. 그럴 때 하루는 덜 분주하고 더 충만해집니다.

우리의 고민들...
지금 급한 일과 중요한 일을 나는 제대로 구분하고 있는가?

041
불완전한 오늘에서
행복을 발견하는 연습

"지금이 바로 그 때이지 다른 시절, 다른 때가 우리를 기다리지 않습니다. 언제 어디서든 바로 그 순간에 행복을 만들고 누릴 수 있는 것이지 어느 특정한 시간에 행복을 이룰 수 있다고 착각해선 안 됩니다."

_「봄날의 행복론1 〈2006년 4월 16일 봄 정기법회〉」

행복은 불완전한 하루에서 기쁨을 알아채는 태도를 기르는 일입니다.

내일을 핑계로 오늘을 미루면 감각이 둔해지니, 지금 이 순간에 주의를 두고 차 한 잔, 잠깐의 햇빛, 한 마디 인사 같은 작은 장면에 의미를 얹어보세요.

중요한 일과 급한 일을 구분해 가장 작은 선의를 바로 실행하면 충분함과 여유가 생기며, 그 여유가 내일을 바꿉니다.

우리의 고민들...
남의 타이밍을 부러워하며, 내 하루의 리듬을 스스로 놓치고 있는 건 아닐까?

042

때론 해결을 미루는 용기

"움켜잡기보다는 쓰다듬을 줄 알아야 합니다. 목표를 향해 곧바로 직행하기보다는 먼 길로 돌아가는 여유가 필요합니다. 무슨 일이든지 그 자리에서 해답을 구하려 하지 마십시오."

_「한평생 몇 번이나 둥근달을 볼까〈2002년 10월 27일 뉴욕 불광사 초청법회〉」

서두르면 빨리 잡을 수 있을 듯하지만, 오히려 더 놓치기 쉽습니다. 가볍게 다루되 필요할 때만 힘을 쓰는 태도가 관계와 일을 덜 다치게 합니다.

곧장 돌진하기보다 잠깐 멈춰서 살피면 사실과 감정이 분리돼 판단이 깊어지고, 기다림은 평계가 아니라 결과의 질을 높이는 투자가 됩니다.

단호함 안에 부드러움을 함께 두면 신뢰가 쌓여 속도도 건강해지죠. 결국 성숙은 속도가 아니라 멈추고 돌아보고 다시 걷는 리듬에서 자라는 겁니다.

우리의 고민들...
즉각적인 답을 요구하는 상황에서, 내가 놓치고 있는 중요한 정보나 관점은 무엇인가?

한 걸음 비켜서서, 있는 그대로

"나를 기준으로 삼지 않는 것이 '바르게' 보는 것이며, 사물을 있는 그대로 보는 것입니다. 내가 말하고 생각하는 것을 멈춘다면 '바르고 완전하게 보기' 시작할 것입니다."

_「미워하고 사랑하는 마음만 멈춘다면 〈2002년 10월 20일 10월 정기법회〉」

우리는 각자의 입장에서 빠르게 판단하지만 그만큼 왜곡도 쉽게 생깁니다. 그 때문에 한발 물러서서 사실과 내 해석을 나눠보는 습관이 필요합니다.

"내가 놓친 정보가 있나", "다른 설명이 가능하나"를 먼저 묻고 '내가 옳다'는 확신을 잠시 내려놓으면 감정은 잦아들고 결정은 더 정확해집니다.

따뜻함은 지키되 정확함을 놓치지 않을 때 관계는 덜 상처받고 일의 품질과 신뢰가 함께 올라갑니다.

우리의 고민들...
내 감정의 시선으로 남의 말을 재단하며, 사실을 지워버리는 버릇이 있지는 않은가?

좋고 싫은 마음을
잠시 내려놓을 때

"미워하고, 좋아하고, 싫어하고, 사랑하는 이 생각에서 벗어나야 합니다. 그렇게 하면 마음이 평온해집니다. 마음을 그렇게 먹으면 상대방도 자연스럽게 풀립니다."

_「미워하고 사랑하는 마음만 멈춘다면 〈2002년 10월 20일 10월 정기법회〉」

우리는 순간마다 좋고 싫음을 먼저 눌러 판단하지만, 그 속도가 관계와 일을 거칠게 만들 수 있기에 잠깐 반응을 늦추는 연습이 필요합니다.

사실을 확인한 뒤 의도를 듣고 맥락을 살피면 감정이 가라앉아 말이 부드러워지며, 지금 필요한 행동이 무엇인지가 또렷해집니다.

이는 무기력이 아니라 단정함이어서, 답장을 조금 늦게 하더라도 정중하게 하고 오해가 생겨도 확인부터 하면 갈등이 줄고 관계가 자연스럽게 풀릴 길을 찾습니다.

우리의 고민들...
그 말 한마디에 즉각 맞받아치지 않고 잠깐만 멈췄다면 결과가 달라졌을까?

내가 뿌린 말, 내가 걷는 내일

"남에게 상처를 입히는 것은 결과적으로 나 자신에게 상처를 입히는 것과 같습니다. 세상에 우연히 일어나는 일은 없습니다. 내가 심어서 내가 거둡니다."

_「모든 일에는 이유가 있다 〈2001년 11월 4일 뉴욕 불광사 초청법회〉」

말과 행동은 결국 나에게 돌아오니, 불편한 일이 생기면 운명 탓보다 내 말투·태도·선택이 만든 파장을 먼저 점검해 보는 게 좋습니다.

작은 비난은 관계를 거칠게 하고 작은 배려는 분위기를 바꾸므로, 다음에는 더 좋은 선택을 하겠다는 책임감으로 나의 행동을 수정하고 늦더라도 사과하세요.

선의도 오해가 될 수 있으니 판단의 속도를 늦춰 사실을 확인하는 절차를 지키면, 오늘 뿌린 한마디가 내일 더 좋은 풍경으로 돌아옵니다.

우리의 고민들...

감정이 앞서던 그 순간, 내가 던진 한마디가 타인에게 어떤 상처를 줬을까?

균열의 시작점을 찾는 시간

"바른 견해는 현상에 머물지 않습니다. 현상이 일어나는 원인을 먼저 보고, 그것에서 해답을 찾습니다."

_「허술하게 이은 지붕에 비가 새듯이 〈2001년 1월 19일 일요 가족법회〉」

문제가 생기면 결과만 보지 말고, 감정을 잠깐 가라앉힌 뒤 시간 순서로 원인을 더듬어 작은 균열이 어디서 시작됐는지 찾아보는 게 핵심입니다.

'왜'를 한 번 더 묻고 원인을 손보면 말은 짧고 단정해지고, 오늘의 점검이 내일의 큰 누수를 막아 문제를 통해 배우는 계기로 바꿔 줍니다.

우리의 고민들...

지금의 불편을 누군가에게 탓하기 전에, 내가 반복해서 같은 결과를 만들고 있지는 않았나?

047

나의 행동이 나의 품격을 만든다

"순간순간의 삶이 얼마나 엄숙한 것인지, 정신이 번쩍 들지 않을 수 없습니다. 이같이 귀중한 시간을 매 순간 어떻게 맞이하여 보내고 있는지 깊이깊이 살펴보아야 합니다."

_「자신과 진리에 의지해 꽃을 피우라 〈2009년 4월 19일 봄 정기법회〉」

한순간의 작은 선택이 내일의 방향을 바꾸니, 지금 이 행동이 내 가치에 맞는지 자주 묻는 태도가 필요합니다.

메시지 답장, 약속 시간 준수처럼 사소해 보이는 결정들이 하루의 품격과 밀도를 만들고, 분주함에 휩쓸리면 그 순간은 그냥 지나가지만 주의를 기울이면 배움이 됩니다.

종종 잠깐 멈춰 스스로의 하루와 행동을 돌아보세요. 몸과 시선을 오늘로 돌리면 후회는 줄고 선택은 또렷해져, 빛나는 과정과 좋은 결과가 따라옵니다.

우리의 고민들...
바쁜 탓을 하며 지금의 선택을 미루는 사이, 나에게 어떤 내일이 다가오고 있는 걸까?

048

흔들릴수록 의미를 붙잡는 연습

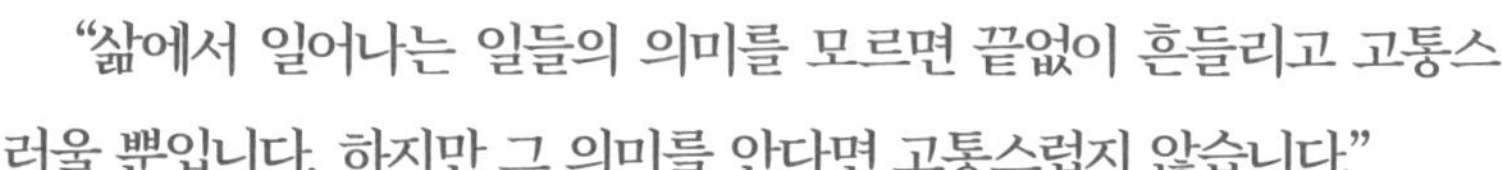

"삶에서 일어나는 일들의 의미를 모르면 끝없이 흔들리고 고통스러울 뿐입니다. 하지만 그 의미를 안다면 고통스럽지 않습니다."

_「추울 때는 추위가 되고 더울 때는 더위가 되라 〈2008년 11월 12일 겨울안거 결제〉」

고통은 사건보다 그 일을 어떻게 받아들이고 설명하느냐에 따라 커지니, "왜 나에게" 대신 "여기서 무엇을 배울까"로 질문을 바꾸면 마음이 버틸 자리를 얻습니다.

실패와 상처, 몸의 불편을 미화하지 말고, 맥락과 신호로 정리해 한 문장으로 이름 붙이면 감정이 다루기 쉬워지고 다음 행동이 구체적으로 드러납니다.

이렇게 의미를 찾는 습관이 평온을 만들고 본질을 읽게 해, 내일의 길을 단단히 세울 것입니다.

우리의 고민들…

지금의 괴로움을 키우는 것은 사건 자체인가, 내가 그 사건에 붙여 둔 부정적인 정의인가?

049

순간을 감사히 붙잡는 마음

"한번 지나가 버린 것은 다시 되돌아오지 않습니다. 그때그때 감사하게 누릴 수 있어야 합니다. 모든 것이 일기일회입니다."

_「일기일회 〈2008년 10월 19일 가을 정기법회〉」

우리는 내일을 기다리느라 오늘의 순간을 대충 지나치지만, 기회와 만남은 같은 모습으로 다시 오지 않습니다.

지금을 귀하게 대하는 건 말 끝까지 듣기, 차 한 모금 제대로 음미하기처럼 현재에 주의를 온전히 두는 행동에서 시작됩니다.

작은 정리와 정확한 인사로 스스로를 기분 좋게 만들고, 놓친 순간은 후회 대신 메모로 남겨보세요. 다음 선택이 선명해지며, 이렇게 정성을 반복할수록 하루의 밀도와 삶의 품격이 함께 올라갈 것입니다.

우리의 고민들...

언젠가 더 좋은 때가 오길 기다리며, 지금의 기회를 스스로 흐리고 있는 건 아닐까?

050

모든 파도는 내 바다에서
일어난다

"삶에 어떤 불행한 일이 일어나든 내가 이 세상에 살아 있기 때문에 그런 상황을 겪는 것입니다. 어떤 외부 상황 탓에, 세상이 잘못되고 누군가가 나빠서 내 삶이 이렇다고 생각하지 마십시오."

_「부처님 오신 날이 아니라 부처님 오시는 날 〈2006년 5월 5일 부처님 오신 날〉」

삶에 불행한 그림자가 드리울 때, 우리는 밖을 향해 삿대질하곤 합니다. 운이 나빠서, 세상이 불공평해서 인생이 꼬였다고 믿는 것이 마음 편하기 때문입니다.

그러나 지금 겪는 모든 상황은 결국 내가 이 세상에 '살아 있기 때문에' 마주하는 생의 풍경일 뿐입니다. 비가 내리는 것을 구름의 잘못이라 할 수 없듯, 삶의 풍랑을 세상의 탓으로만 돌리면 우리는 영원히 상황에 붙잡혀 살 수밖에 없습니다.

"이 파도 또한 내 바다에서 일어난 일이다"라고 받아들일 때 변화의 열쇠는 내 손으로 돌아옵니다.

우리의 고민들...

나에게 닥친 불행을 타인의 탓으로만 돌리고 있는 건 아닐까?

051

말투가 인생이 될 때

"하루하루 어떤 마음을 가지고 어떤 말과 행위를 하는가가 곧 다음의 나를 형성합니다. 누군가가 그렇게 만들어 주는 것이 아닙니다. 매 순간 스스로가 다음 생의 자신을 만들고 있습니다."

_「부자보다 잘 사는 사람이 되라 〈2005년 12월 11일 길상사 창건 8주년〉」

우리는 성과로 자신을 설명하지만, 실제로 나를 만드는 건 오늘의 말투와 태도, 작은 선택이 반복된 결과입니다.

생각은 시선과 언어를 바꾸고 그 언어가 행동을 이끌어 관계의 질까지 결정하니, 피곤할수록 말과 표정을 되돌아봄으로써 거친 반응을 줄이고 정돈된 한마디를 선택해 보세요.

우리의 고민들...
나는 어떤 말과 반응으로 내일의 나를 만들고 있는가?

052

좋은 날은 기다리는 게 아니다

"우리들 스스로가 그 좋은 날을 만들어 가야 합니다. 혹시 불행한 일이 있더라도, 그 나름의 까닭이 다 있을 것입니다. 세상사는 모두 그 나름의 의미를 가집니다."

_「날마다 좋은 날」 〈2005년 8월 19일 여름안거 해제〉

좋은 날은 우연히 주어지기보다, 같은 일을 어떻게 해석하고 반응하느냐에 따라 만들어집니다.

뜻밖의 상황에서 잠깐 멈추면 감정이 가라앉고 선택지가 다시 보입니다.

남 탓과 비교 대신 오늘 할 수 있는 최소한의 성실과 선의를 고르고, 다른 이의 수고를 인정하는 말을 더하면 어려움도 가벼워질 것입니다.

우리의 고민들...

내가 행복하다고 느꼈던 하루에는 나의 노력이 있었는가? 어떻게 이를 반복할 수 있을까?

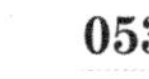

053

변화는 나로부터 시작된다

"한 사람이 잘 살면, 그 잘 사는 기운이 온 우주에 긍정적으로 퍼져 나갑니다. 그런데 한 사람이 잘못 살면, 그 사람을 위해 온 우주가 거들고 있는데, 나쁜 기운을 퍼트리게 됩니다."

_「물속의 물고기가 목마르다 한다 〈2005년 2월 23일 겨울안거 해제〉」

우리는 흔히 나 혼자만의 삶은 누구에게도 영향을 주지 않는 독립된 섬이라 생각하기 쉽습니다.

하지만 '잘 사는 일'은 개인의 성취를 넘어, 나를 도와주는 모든 생명에 대한 예의이자 책임입니다.

나의 내면을 정갈하게 가꾸는 일이 곧 세상을 아름답게 가꾸는 일임을 기억할 때, 우리의 평범한 일상은 비로소 우주적인 가치를 지니게 됩니다.

우리의 고민들...
내가 흘린 한숨과 푸념이 주변의 기운을 가라앉히고 있는 건 아닐까?

나아가기 위해 버려야 할 생각들

"우리는 이 관념 때문에, 틀에 박힌 고정관념 때문에 새로운 세계에 나아가지 못하고 제자리에서 맴도는 경우가 얼마나 많은가."

_「무한한 정신 공간 아잔타 석굴 〈인도기행〉」

우리가 세상을 단면적으로 잘라 보는 건 사실보다 익숙한 분류와 이분법이라, 새로운 가능성을 놓치기 쉽습니다.

원래 그렇다고 단정하지 않고 맥락을 살피면 무엇이든 이유가 보이며, 선택지도 넓어집니다.

틀에 박힌 고정관념에서 벗어나 유연한 사고와 호기심으로 질문을 늘리고, 내 경험이 전부가 아님을 인정할 때 세상을 더 깊이 이해하게 됩니다.

우리의 고민들...
내가 "원래 그런 사람"이라 단정해 버려 놓친 가능성은 무엇일까?

055

고통으로 얼룩진 하루를
견디는 이유

"우리 둘레는 하루하루가 고통으로 얼룩져 있는데 어떻게 좋은 날일 수 있단 말인가. 그렇다, 그렇기 때문에 고통 속에서 생의 의미를 찾아야 한다."

_「날마다 좋은 날 〈서 있는 사람들〉」

아픔은 없애야 할 결함이 아니라 "무엇을 조정하라"는 신호이니, 지우려 애쓰기보다 여기서 배울 점을 묻는 순간 마음이 방향을 잡습니다.

의지는 오늘 할 일을 끝까지 해내는 작은 끈기이므로, 현실을 피하지 않되 그 안의 선택지를 찾을수록 무력감은 줄어듭니다.

내 보폭으로 걸으면 해석이 또렷해져, 비로소 의미를 발견하며 좋은 날이 만들어집니다.

우리의 고민들...

이 아픔이 내게 주는 의미는 무엇일까? 지금 나는 어떤 의미를 통해 버틸 수 있을까?

056

아무리 비워도
마음이 쫓기는 날에

"쫓기기만 하면서 살다 보니 이제는 쫓기지 않아도 될 자리에서조차 마음을 놓지 못한 채 무엇엔가 다시 쫓길 것을 찾는다."

_「소창다명 〈서 있는 사람들〉」

계속 달리다 보면 쉬어야 할 시간에도 쫓기는 기분이 멈추지 않아 성취는 늘어도 삶의 이유가 흐려지기 쉽습니다.

멈춤은 낭비가 아니라 방향 점검이어서 숨을 고르는 사이 우선순위가 정리되고 해야 할 일과 내려둘 일이 구분됩니다.

빈 시간을 불안으로 채우기보다 걷기나 기록과 같은 간단한 루틴으로 속도를 나만의 호흡에 맞추고, 결과의 숫자보다 과정이 내 가치와 맞는지 묻는 습관을 들이면 균형이 돌아와 결국 내 속도를 내가 정하게 됩니다.

우리의 고민들...
오늘의 빈 칸을 또 다른 업무로 채우고 있진 않나?

같은 하루는 두 번 오지 않는다

"모든 것은 끊임없이 흐르고 변한다. 사물을 보는 눈도 때에 따라 바뀐다. 정지해 있는 것은 아무 것도 없다. 같은 강물에 발을 두 번 담글 수 없다는 까닭이 여기에 있다."

_「삶의 기술 〈아름다운 마무리〉」

세상과 사람은 계속 바뀌니, 어제의 판단을 고집하면 관계와 일에서 쉽게 어긋납니다. 그래서 사실은 새로 확인하고 감정은 점검하며, 선택의 근거를 그때그때 다시 세워야 합니다.

루틴에 작은 변화를 주고 배운 건 바로 적용하되 잘못은 빨리 고치세요. 내가 지키려는 가치와 우선순위를 분명히 하면 다음 걸음이 자연스럽게 보입니다.

우리의 고민들...
내가 붙잡는 이 확신은 사실 오래된 습관일 뿐인 거 아닐까?

058
내가 건넨 마음은 다시 돌아온다

"누군가를 기쁘게 해주면 내 자신이 기뻐지고, 누군가를 언짢게 하거나 괴롭히면 내 자신이 괴로워진다. 이것이 바로 마음의 메아리이다. 마음의 뿌리는 하나이기 때문에 그렇다."

_「소유의 비좁은 골방 〈산에는 꽃이 피네〉」

말과 표정은 금세 잊히지만 그 분위기는 관계를 통해 다시 내게 돌아옵니다.

친절한 한마디는 상대와 나의 마음을 가볍게 만들지만, 날 선 반응은 그 순간엔 통쾌해도 마음에 거친 흔적을 남깁니다.

그래서 어투를 단정히 하고 부탁이나 거절은 명료하게, 고마움은 제때 전하면 불필요한 상처가 줄고 삶이 더 부드러워집니다.

우리의 고민들...
내가 던진 짧은 메시지와 눈빛이 어떤 메아리로 돌아오고 있는가?

059

욱하는 마음을 다루는 작은 멈춤

"우리들이 화를 내고 속상해 하는 것도 따지고 보면 외부의 자극에서라기보다 마음을 걷잡을 수 없는 데에 그 까닭이 있을 것이다."

_「화심기 〈무소유〉」

화는 사건 자체보다 내 해석이 앞설 때 커지니, 없애려 하기보다 먼저 "지금 내 안에서 무엇이 일어나는지"를 확인하고 반응을 한 박자 늦추는 게 도움이 됩니다.

실제로 일어난 사실과 내 판단을 따로 적어 보면 감정의 크기가 줄고, 상대에게 원하는 것을 구체적으로 말하면 관계를 해치지 않으면서 나를 지킬 수 있습니다.

화의 에너지를 비난 대신 개선으로 돌리면 마음은 볼륨을 조절하게 되고, 그 반복이 하루를 바꿉니다.

우리의 고민들...

분노 뒤에 숨은 내 진짜 욕구는 무엇일까?

060

난초 앞에서 배운 내려놓음

"나는 이때 온몸으로 그리고 마음속으로 절절히 느끼게 되었다. 집착이 괴로움인 것을. 그렇다. 나는 난초에게 너무 집념해 버린 것이다."

_「무소유 〈무소유〉

애정은 좋아하는 것을 돌보게 하지만, 어느 순간 과해지면 사랑이 통제로 바뀌어 불안이 커집니다.

법정 스님이 난초를 아끼다 '혹시 햇볕에 상할까' 전전긍긍하며 마음이 붙들리는 자신을 보고 결국 그 집착을 알아차렸다는 난초 일화처럼, 돌봄에는 숨 쉴 여백이 필요합니다.

내가 쓰는 시간과 에너지가 나를 소진시키는지, 생기를 주는지를 점검하면 애정은 집착이 아니라 신뢰로 성숙해 다시 기쁨을 되찾게 됩니다.

우리의 고민들...

지금 붙들고 있는 것은 정말 필요한 것인가, 아니면 내 불안을 달래기 위한 장치일까?

061
감정과 한 발짝 거리 두기

"사랑이든 미움이든 마음이 그곳에 딱 머물러 집착하게 되면 그때부터 분별의 괴로움은 시작된다. 사랑이 오면 사랑을 하고, 미움이 오면 미워하되 머무는 바 없이 해야 한다."

_「〈인연은 받아들이고 집착은 놓아라〉 전체 본문 中」

감정은 날씨처럼 오가지만, 문제는 거기에 오래 눌러앉게 만드는 태도입니다. 사랑은 배려로 불편함은 경계로 전환해 행동의 주도권을 지키세요.

마음을 정의하기 전, 한 번 더 고민하는 습관을 들이면, 감정에 휩쓸리지 않으면서 관계와 일의 균형을 지킬 수 있습니다.

우리의 고민들...
나는 왜 이 감정에 오래 머무르려 하는가? 지금 필요한 건 반응일까, 관찰일까?

062

삶과 떠남은 전부 내 몫

"사는 것도 내 자신의 일이고 죽음도 내 자신의 일이라면, 살아 있는 동안은 전력을 기울여 뻐근하게 살아야 하고, 죽을 때는 미련 없이 신속하게 물러나야 한다."

_「우리들의 얼굴 〈산방한담〉」

품격은 시작보다 마무리에서 더 드러나니, 맡은 자리에서는 집중하고 때가 오면 미련 없이 물러날 줄 아는 태도가 삶을 단단하게 합니다.

이는 주어진 역할과 시간에 힘을 제대로 쓰는 것이며, 집중이 깊이를 만들고 그 깊이는 평정을 키웁니다.

관계와 일에서도 이미 다 한 것은 놓아 새 시작의 공간을 만들고, 내일의 나에게 바통을 넘길 때 후회는 줄고 감사는 늘어납니다.

우리의 고민들...
지금 하는 일에 전력을 다했다고 말할 수 있는가?

왜 자꾸 둘을 붙잡으려 할까

"거듭 말하지만, 하나가 필요할 때 둘을 가지려 하지 말라. 둘을 갖게 되면 그 하나마저 잃게 된다. 모자랄까 봐 미리 걱정하는 그 마음이 바로 모자람이다."

_「적게 가져야 더 많이 얻는다 〈산에는 꽃이 피네〉」

필요한 것들의 기준을 세우면 관리할 것과 신경 쓸 일이 줄어 주의가 덜 분산되고, 중요한 한 가지에 집중하기 쉬워집니다.

'혹시 부족할까' 하는 불안을 알아차리되 메우려 애쓰지 말고, 지금 가진 것을 더 깊게 쓰는 쪽을 선택해 보세요.

꼭 하나만 남긴다면 무엇을 남길 것인지 묻는 연습을 하면, 풍요가 양이 아니라 밀도에서 온다는 걸 체감하게 됩니다.

우리의 고민들...
지금 가진 하나를 깊게 쓰고 있는가? 비상용이라는 이름으로 붙잡은 것들이 정말 필요한가?

064

아무 데도 가지 않아도 괜찮다

"너무 뛰지 말라. 조급히 서두르지 말라. 우리가 가야 할 곳은 그 어디도 아닌 우리들 자신의 자리다. 시작도 자기 자신으로부터 내디뎠듯이 우리가 마침내 도달해야 할 곳도 자기 자신의 자리다."

_「대나무 옮겨 심은 날 〈홀로 사는 즐거움〉」

더 빨리 가려 애쓸수록 정작 서야 할 자리는 흐려지니, 속도를 낮춰 길의 결을 느끼면 방향이 또렷해집니다.

내 자리는 고정된 곳이 아니라 지금 여기에서 책임질 수 있는 마음의 위치이고, 그 자리에 서면 남의 시간이 아닌 내 호흡으로 걸으며 집중이 살아납니다.

조급함과 비교를 내려놓고 필요할 땐 멈춰 재정비하면, 그 순간이 나를 가장 멀리 데려다줍니다.

우리의 고민들...

나는 조급함이 만든 계획을 따르는가, 내 호흡이 허락한 속도를 따르는가?

잔잔한 기쁨이 머무는 온도

"마음에 걸린 것이 있어 본마음인 그 따뜻함을 잃으면 불행해진다. 마음을 따뜻하게 가져야 거기에 행복의 두 날개인 고마움과 잔잔한 기쁨이 펼쳐진다."

_「행복은 어디 있는가 〈홀로 사는 즐거움〉」

행복은 큰 사건보다 마음의 온도에서 자라니, 차가워지기 전에 미뤄둔 사과나 과한 자기 비난 같은 찌꺼기를 먼저 정리하는 게 도움이 됩니다.

따뜻함은 타고나는 성격이 아니라 습관이라, 오늘 만난 사람의 수고를 짧게 인정하고 내 노력도 조용히 칭찬하면 일상의 작은 빛이 다시 들어올 것입니다.

바쁠수록 숨을 고르고 시선을 부드럽게 두면 마찰이 줄어, 행복의 온도를 유지할 수 있게 됩니다.

우리의 고민들...
"고생했어" 한마디를 건네고 싶은데, 너무 가볍게 들리진 않을까?

내 안의 그늘과 함께 걷는 연습

"사람은 누구나 자신의 그림자를 지니고 살아간다. 빛을 받아야 그 그늘에 거무스레하게 나타나는 형상. 자신의 그림자를 이끌고 한 평생 살아온 자취를 이만치서 되돌아본다."

_「여름 살림살이 〈홀로 사는 즐거움〉」

삶에는 밝음만큼 그늘도 따라오는데, 그늘을 숨기려 할수록 오히려 커져 발목을 잡습니다.

부끄러운 기억이나 질투와 불안 같은 감정을 내 일부로 인정하고 바라보면, 그 그늘은 내가 무엇을 두려워하는지 알려 주는 신호가 되어 마음의 균형을 잡는 데 도움이 됩니다.

하루 끝에 오늘 움츠린 순간과 이유를 짧게 상기해 보세요. 그것이 그늘까지 품은 채 흔들림을 줄여 가는 과정이 됩니다.

우리의 고민들...

나는 완벽한 모습을 보여 주려다 더 큰 그늘을 만들고 있진 않았을까?

067
혼란한 세상 속에서도
내면의 소리를 듣는 법

"사람은 누구나 신령스러운 영혼을 지니고 있다. 우리가 거칠고 험난한 세상에서 살지라도 맑고 환한 그 영성에 귀를 기울일 줄 안다면 그릇된 길에 헛눈을 팔지 않을 것이다."

_「생각을 씨앗으로 묻으라 〈버리고 떠나기〉」

길을 잃는 건 대개 바깥소리에만 맞춰 달릴 때이니, 선택이 흔들릴수록 내가 무엇을 두려워하고 무엇을 아끼는지부터 조용히 점검하는 게 출발입니다.

안쪽의 목소리는 느리지만 기준이 되어 멈춤과 우회를 허락하고, 이익과 가치를 구별하게 합니다.

하루 끝에 말과 행동이 내 기준에 맞았는지 되짚는 습관을 들이면 선택이 단순해지고 유혹에 덜 흔들리며 내 삶의 방향이 또렷해집니다.

우리의 고민들...
지금의 선택은 내 기준에서 나왔는가, 아니면 눈앞의 이익 때문인가?

068

내 마음의 바탕을 되찾는 연습

"어리석음은 곧 어두운 마음이다. 그 어두운 마음에서 온갖 비리와 악덕이 싹튼다. 마음의 바탕은 빛이요, 안락이다. 그러므로 이 마음을 샅샅이 살피는 일을 통해서 빛과 밝음이 되살아난다."

_「무엇이 전쟁을 일으키는가 〈버리고 떠나기〉」

마음이 어두워질 때는 사건보다 내 감정과 판단을 무심히 넘긴 순간이 많으니, 바쁠수록 지금 이 생각이 어디에서 왔는지를 묻는 습관이 필요합니다.

마음을 살핀다는 건 자책이 아니라 흐린 부분을 조용히 밝혀 분노 뒤의 상처와 질투 밑의 결핍을 알아차리는 일이고, 이 알아차림은 반응을 느슨하게 만들어 선택을 여유롭게 합니다.

우리의 고민들...
내가 내뱉은 거친 말은 어디서 비롯됐는가? 상처였을까, 두려움이었을까?

'다시'가 만드는 새로운 삶

"사람은 좌절하지 않고 노력하고 있는 한 자기 삶을 얼마든지 개선할 수 있는 무한한 잠재력을 지닌 그런 존재다. 우리가 산다는 것은 거듭거듭 새롭게 시작하고 형성한다는 뜻이기도 하다."

_「잘못된 소견2 〈텅 빈 충만〉」

같은 하루도 소모로 끝낼지, 나를 만드는 재료로 쓸지는 해석과 선택에 달려 있습니다.

말투를 다듬고 한 번 더 경청하려는 작은 시도들이 쌓여 방향을 바꾸고, 그 방향이 내일의 표정을 만듭니다.

좌절은 결국 다음 방향을 정하는 계기이니, 반복을 견디는 의지로 오늘을 대할 때 시간은 소모가 아닌 자본이 됩니다.

우리의 고민들...
나는 오늘 무엇을 잃었고 무엇을 새로 만들었는가?

070

삶에도 각자 다른 '계절'이 있다

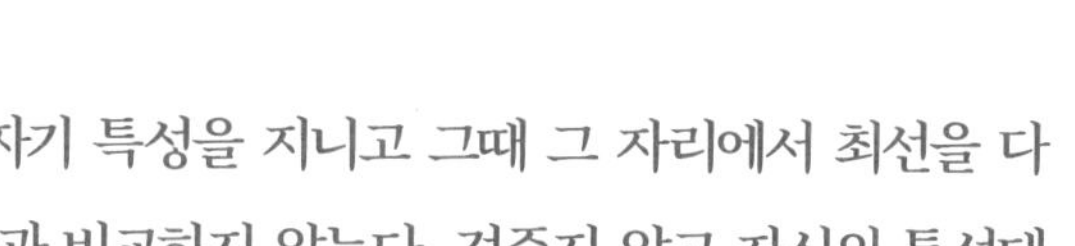

"꽃들은 저마다 자기 특성을 지니고 그때 그 자리에서 최선을 다해 피어나며 다른 꽃과 비교하지 않는다. 견주지 않고 자신의 특성대로 제 모습을 지닐 때 그 꽃은 순수하게 존재할 수 있다."

_「꽃처럼 피어나게 〈새들이 떠나간 숲은 적막하다〉」

숫자와 순위는 편리하지만 비교를 부추겨 내 속도를 잃게 하니, 삶에도 각자 다른 계절이 있음을 기억하는 게 필요합니다.

기준을 남이 아니라 '어제의 나'로 옮기고 오늘의 작은 진전을 확인하면 자존감이 자라며, 타인의 성취 또한 위협이 아니라 참고가 됩니다.

비교 대신 관찰로 바꿔 무엇이 나를 살리고 어디서 힘이 빠지는지 기록해 보세요. 나에게 맞는 속도로 꾸준히 가는 길이 결국 가장 오래 가는 길입니다.

우리의 고민들…

오늘의 나는 어제의 나보다 한 걸음이라도 달라졌을까?

PART 3

일은 삶을
어떻게 바꿀까?

_일·돈·시간

#단순하게 일하기 #번아웃의 신호 #시간의 주인 #적게 풍요롭게 #멈춤의 휴식

071

세상 속에서 내 몫을 찾다

"우리는 여럿이 어울려 살아가고 있는 이 세상에서 자신의 특성을 펼쳐 우주적인 조화를 이루도록 초대받은 나그네들이다."

_「날마다 좋은 날 〈서 있는 사람들〉」

사람은 군중 속에서 흔들리기 쉽지만, 세상은 서로 다른 빛이 모여 풍경을 이룹니다.

앞서 달리는 사람도 뒤따라가는 사람도 역할만 다를 뿐이니, 비교와 과시 대신 내 고유함을 알고 또 다른 고유한 타인과 어울리는 방식을 찾는 게 중요합니다.

필요할 땐 경계를 또렷이 세울 때, 함께 만드는 세상의 온도와 질서가 한층 단단해집니다.

우리의 고민들...

나만이 가지고 있는 장점은 무엇일까?

같은 아침을 새롭게 여는 마음

"당신은 이 아침을 어떻게 맞이하고 있는가? 만날 그날이 그날처럼 그렁저렁 맞이하고 있다면 새날에 대한 결례가 될 것이다."

_「풍요로운 아침 〈아름다운 마무리〉」

아침은 하루를 여는 첫 문장이라, 눈을 뜬 순간의 태도가 하루의 리듬을 좌우합니다.

대충 시작하면 기회를 놓치기 쉬우니, 일어나 창을 열고 한 번 숨을 고르는 짧은 의식으로 마음을 정돈해 보세요.

그러면 해야 할 일과 하고 싶은 일이 구분되고 우선순위가 서며, 이런 작은 시작이 쌓여 삶의 품격을 만듭니다.

우리의 고민들...
출근길 폰부터 잡는 습관, 잠시 멈추면 불안해질까?

073

시간을 내 편으로 만드는 방법

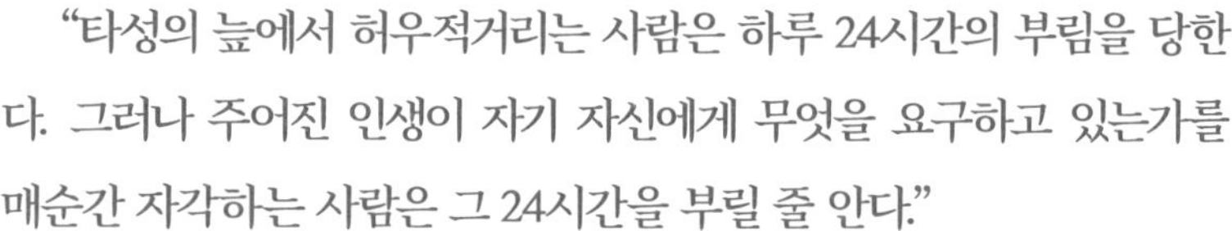

“타성의 늪에서 허우적거리는 사람은 하루 24시간의 부림을 당한다. 그러나 주어진 인생이 자기 자신에게 무엇을 요구하고 있는가를 매순간 자각하는 사람은 그 24시간을 부릴 줄 안다.”

_「날마다 좋은 날 〈서 있는 사람들〉」

같은 시간을 받아도 어떻게 쓰느냐에 따라 하루의 주도권은 달라지며, 그 시작은 '지금' 알아차림에서 옵니다.

해야 할 일과 굳이 하지 않아도 될 일을 가리면 일정이 내 리듬에 맞게 조율되고 마음도 가벼워집니다.

시간에 의미를 얹는 습관을 쌓을 때, 내일의 더 큰 시간을 스스로 설계할 힘이 생깁니다.

우리의 고민들...
타인의 속도에 맞추느라 내 하루의 리듬을 잃어버린 것은 아닌가?

074
무가치함을 끊고, 다시 피는 삶

"묵은 수렁에 갇혀서 자기 자신을 순간순간 무가치한 일로 죽이지 마십시오. 자기 자신을 살려야 합니다. 그래야 하루하루의 삶이 꽃처럼 새롭게 피어납니다."

_「봄날의 행복론2 〈2003년 4월 20일 봄 정기법회〉」

우리는 의미 없는 반복과 자기 비하 속에서 자주 자신을 잃어버립니다. 거기서 벗어나려면 먼저 나를 소모시키는 말과 생각을 멈춰야 합니다.

오늘의 시선을 내 쪽으로 돌리고, 작은 기쁨을 정성껏 대할 때 마음에 다시 온기가 돕니다. 어제의 실수는 다음 선택을 돕는 스승이어야 합니다.

우리의 고민들...
요즘 내가 가장 자주 스스로에게 들려주는 말은 무엇인가? 그것은 나를 북돋우는가, 아니면 기운을 꺼뜨리는가?

075

흔적 없이 일하고
가볍게 돌아서기

"무슨 일이건 그저 좋아서 하고, 하고 나서는 잊으면서 늘 자취 없는 마음이라면 그 일에 얽매이지 않을 수 있다. 일을 하면서도 그 일로부터 자유로워질 수 있다."

_「빈 방에 홀로 앉아 〈텅 빈 충만〉」

일은 결과보다 그것을 대하는 마음에서 정해집니다. 좋아서 시작한 일이 결과를 따지게 되면 우리는 주인이 아니라 관리인이 됩니다.

잘했든 못했든 오래 붙잡지 않고 다음으로 넘어가는 힘이 필요합니다. 과정에 정성을 쏟되 성과에 대한 욕심은 내려놓아야 합니다. 보상이 아니라 지금 하는 일에 집중할 때 몰입이 생깁니다.

결과를 바람처럼 흘려보내면 그 가벼움이 다시 좋은 일을 부릅니다.

우리의 고민들...
성과를 증명하려는 조급함이 일의 기쁨을 갉아먹는 건 아닐까?

076
기질에 맞춘 명랑의 기술

"무엇이든지 마음의 본성에 따른 행동은 즐겁고 그에 거슬린 짓은 즐겁지 않음을 알 수 있다. 기왕에 내 인생을 내가 살 바에야 즐겁고 명랑하게 살아야 한다."

_「양생법 〈물소리 바람소리〉」

하기 싫은 일을 오래 끌면 기운이 빠지지만, 내 성향에 맞는 일은 힘들어도 끝에 기쁨이 남습니다.

그래서 즐거움이 올라오던 때의 호흡과 표정을 기억하며 "왜 이 일을 하려 했는가"를 자주 점검하고, 남의 기대에 맞춘 과한 가속은 줄이는 게 좋습니다.

하루 일정에 그런 일을 잠깐이라도 배정하면 리듬이 살아나고 삶의 질도 함께 올라갑니다.

우리의 고민들...

나는 지금의 바쁨이 나를 살리는 일에서 온 것인가, 버티기에서 오는 것일까?

077

'해야 해서'가 아니라
'하고 싶어서'

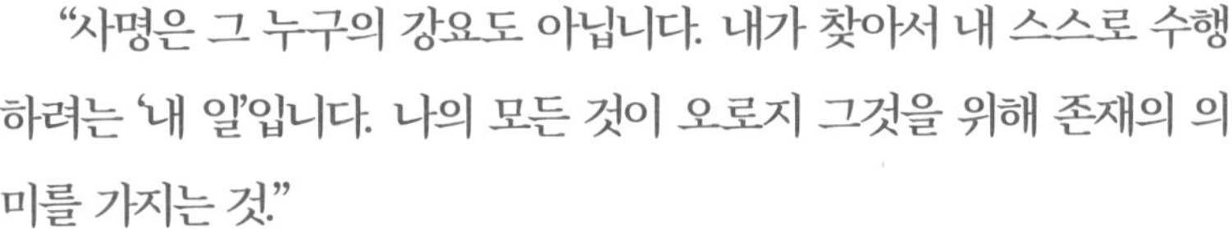

"사명은 그 누구의 강요도 아닙니다. 내가 찾아서 내 스스로 수행하려는 '내 일'입니다. 나의 모든 것이 오로지 그것을 위해 존재의 의미를 가지는 것."

_「일상의 심화3 〈영혼의 모음〉」

사명은 스스로에게 건 약속입니다. 일이 늘어도 마음이 메마르는지 오히려 맑아지는지로 진짜 사명인지를 가늠할 수 있습니다.

억지 열정 대신 방향이 맞는 몰입을 위해 능력과 욕망의 간극을 정직하게 보고, 자원과 시간을 책임지기 위해 거절할 것을 고르세요.

남의 시선이 아니라 내 기준으로 하루의 우선순위를 정리하면 과정에서 환희가 생기고 내일의 방향도 또렷해집니다.

우리의 고민들...
지금 내가 바쁜 이유는 남의 기대를 맞추느라 그런 것인가, 내가 선택한 길 때문인가?

078

무엇을 하느냐보다,
어떻게 하느냐

"문제는 무슨 일에 있지 않고 어떻게 사느냐에 있습니다. 어떤 의미에서는 내가 하는 일이 곧 나입니다. 그 일을 통해서 자기 자신을 꽃피우고 열매 맺는 것입니다."

_「일상의 심화3 〈영혼의 모음〉」

삶의 품격은 직업이나 직함보다 그 일을 해내는 방식에서 드러나며, 같은 일도 태도에 따라 결과의 결이 달라집니다.

서두르기보다 정확히 하고, 남 탓보다 내 기준을 세우면 반복할수록 깊어지고 실수는 성장의 밑거름이 됩니다.

하루의 루틴을 정성으로 채우며 작은 일부터 하나씩 완성할 때, 성과는 자연히 따라오고 책임과 기쁨도 함께 자랍니다.

우리의 고민들...
오늘 한 일의 결과보다 방식에 만족한다고 말할 수 있을까?

내가 나답게 일할 때
마음이 쉰다

"자기 특성을 마음껏 발휘하면서 어떤 일에 전념할 때 우리들의 마음은 온갖 근심 걱정에서 벗어나, 가장 투명하고 평온해진다. 이런 상태가 곧 마음의 안정이다."

_「양생법 〈물소리 바람소리〉」

마음이 이리저리 끌리면 쉽게 지치지만, 나에게 맞는 방식으로 한 가지에 온전히 집중하면 산만함이 줄고 안정됩니다.

이 집중은 과시가 아니라 맡은 일의 핵심을 정확히 보려는 태도에서 나오며, 이때 소음은 배경이 되고 마음은 맑아집니다.

오늘 할 수 있는 만큼의 깊이를 확보하고 작은 진전에 의미를 붙이면 불안도 에너지로 바뀌어, 평온은 결국 나다움을 지키는 결과가 됩니다.

우리의 고민들...
나는 지금 내 일의 본질에 닿아 있는가, 아니면 결과만 쫓고 있는가?

080
하루가 헛되지 않게 만드는
작은 친절

"자기 것이 많아서만 이웃을 돕는 것이 아닙니다. 하루 한 가지라도 이웃에게 착한 일을 한다면, 그날 하루는 헛되이 살지 않고 잘 산 날입니다."

_「길에서 검객을 만나거든 너의 검을 보여 주고 〈2001년 12월 16일 길상사 창건 4주년〉」

선행은 큰돈이 아니라 일상에서 한 번 더 돕는 선택으로 시작됩니다.

귀 기울여 끝까지 들어주기, 길을 양보하기, 쓰레기 줍기, 칭찬을 먼저 건네기처럼 시간과 마음을 조금 내어주면 상대의 하루가 가벼워지고 나도 덜 무거워집니다.

이런 배려를 관찰과 공감으로 습관화할 때, 오늘의 작은 온기가 내일 내가 살아갈 분위기까지 바꿀 수 있습니다.

우리의 고민들...
나는 여유가 없다는 이유로 마음까지 닫아 버린 건 아닐까?

081
오늘을 선택하는 연습

"나누는 일을 내일로 미루지 마십시오. 내일은 기약할 수 없습니다. 내가 그곳에 있지 않을 수도 있고, 내 마음이 변할 수도 있습니다. 그렇기 때문에 무슨 일이든 지금 이 순간에 해야 합니다."

_「길에서 검객을 만나거든 너의 검을 보여 주고 〈2001년 12월 16일 길상사 창건 4주년〉

호의는 오래 고민할수록 미루기 쉬우니, 여유를 기다리기보다 지금 할 수 있는 최소한의 도움을 바로 건네는 게 가장 효과적입니다.

나눔은 크기보다 타이밍이어서 필요한 순간의 한마디, 메시지 한 줄, 양보 한 칸이 하루를 바꾸기도 합니다.

이렇게 즉시 행동하면 후회가 줄고 마음이 가벼워지며, 작은 선행이 습관이 되어 우리의 삶을 더 따뜻하게 만듭니다.

우리의 고민들...
지금 당장 건넬 수 있는 작은 도움을 과장된 준비를 핑계로 미루고 있는 건 아닐까?

082

하루의 품격을 빚는 시간

"일단 내가 할 일이라면 즐거운 마음으로 해야 합니다. 그래야 결과도 좋습니다."

_「그대의 가풍은 무엇인가 〈2001년 8월 19일 8월 정기법회〉」

일은 결과보다 시작할 때의 마음이 과정을 좌우해, 억지로 하면 시야가 좁아지고 스스로 선택했다고 느끼면 같은 과제도 연습처럼 풀립니다.

작은 흥미를 붙들어 의미를 넓히면 오래 집중할 수 있고, 실수도 배움이 되며, 그 태도는 협력에도 좋은 리듬을 줍니다.

설레지 않는 일이라도 정성껏 다루면, 일은 나를 소모시키기보다 품격을 빚는 시간이 됩니다.

우리의 고민들...
나는 왜 맡은 일을 하면서도 늘 타인의 기대만 바라고 있는가?

083
살아 있다는 사실 먼저

"지금 이 순간 우리가 이렇게 살아 있다는 사실이 기특한 일입니다. 모든 것은 삶에서 시작되고 삶을 바탕으로 이루어집니다. 우리가 살아 있기 때문에 행복도 불행도, 기쁨도 슬픔도 따릅니다."

_「중노릇하면서 빚만 많이 졌다 〈2008년 8월 15일 여름안거 해제〉」

살아 있음은 결과가 아니라 의미가 시작되는 조건이니, 일상이 힘들수록 먼저 지금 숨과 몸의 온기를 확인하는 게 필요합니다.

오늘의 시선이 내일의 방향을 만들기에, 거창한 이상보다 지금 할 수 있는 최선을 기준으로 몸을 움직이고 마음을 기울여 보세요.

관계를 돌보고 맡은 일을 성실히 마무리할 때 하루는 방향을 찾고, 삶이 스스로 의미를 증명하게 합니다.

우리의 고민들...
나는 살아 있음의 값어치를 무엇으로 확인하고 있는가?

084

지출은 삶의 방향을
드러내는 습관이다

"뜻밖의 물질이 생기면 조심스럽게 생각하십시오. 정당한 소득의 경우도 마찬가지입니다. 옳게 쓰면 덕을 쌓고 잘못 쓰면 복을 감하게 됩니다."

_「부자보다 잘 사는 사람이 되라 〈2005년 12월 11일 길상사 창건 8주년〉」

돈은 액수보다 '어디로 흘러가게 하느냐'가 그 가치를 정하니, 뜻밖의 수입일수록 먼저 내 우선순위를 점검하는 게 좋습니다.

지출은 내가 무엇을 중요하게 여기는지 드러내는 기록이어서, 절제는 줄이기가 아니라 필요한 곳에 집중하는 선택입니다.

숙고한 결정과 나눔은 감사와 여유를 키우니, 돈을 관리하는 일은 결국 삶의 방향을 관리하는 일입니다.

우리의 고민들...
내 영수증은 내가 추구하는 삶을 보여주고 있는가?

쌓을 수도, 잃을 수도 있는 것

"무상하다는 것은 어떤 가능성을 지니고 있음을 의미합니다. 자신의 의지와 창조적인 노력으로 무엇인가를 축적할 수도 있고, 있던 것을 하루아침에 날려 버릴 수도 있습니다."

_「부자보다 잘 사는 사람이 되라 〈2005년 12월 11일 길상사 창건 8주년〉」

변화는 위협이 아니라 삶을 다시 설계하라는 신호이니, 오늘의 형편이 내일을 좌우하지 않는다는 사실을 기억하면 선택지가 늘어납니다.

존재하는 모든 것에 미련을 갖지 않고 집착을 버리면 마음이 물처럼 흐를 수 있습니다.

우리의 고민들...
하루가 끝나가는 지금, 오늘의 내 선택이 내일의 가능성을 넓혔다고 말할 수 있을까?

086
끝을 떠올리면,
오늘이 선명해진다

"우리가 의식을 하든 안 하든 우리 모두는 순간순간 이 종점을 향해 다가서고 있다. 그러니 자기에게 주어진 귀중한 시간과 역량을 무가치한 일에 탕진하지 말아야 한다."

_ 「출가 수행승은 장례에 상관마라 〈인도기행〉」

끝을 떠올리면 시간의 무게가 달라지고, 일정의 빈칸이 무엇을 채울지 고르는 선택의 자리가 됩니다.

피곤함을 성실로, 분주함을 열정으로 착각하기 쉬우니 시간처럼 되돌릴 수 없는 자원을 어디에 쓸지 점검해야 합니다.

작은 일도 가치와 닿으면 힘이 되고, 지금 할 일과 미룰 일을 가르면 지키고자 하는 가치가 또렷해져 하루를 지키게 됩니다.

우리의 고민들...
나는 바쁘게 사는 것과 제대로 사는 것을 혼동하고 있지 않은가?

서두름을 멈추면,
답이 있는 길이 보인다

"지난 세월, 많은 시행착오가 급히 서두른 결과였음을 상기해야 한다. 개인적 처지에서 보면 오늘의 어려움은 모두 처음 당하는 일 같지만, 지금 우리가 가고 있는 길은 이미 누군가가 지나간 길이다."

_「그런 길은 없다 〈오두막 편지〉」

서두르면 빨리 답을 찾는 듯해도 문제의 원인과 과정을 제대로 파악하기 어려우니, 감정이 앞설 때일수록 잠시 속도를 늦추는 게 필요합니다.

비슷한 경험의 흔적을 참고하고 원인과 결과를 나누면 시행착오가 줄고, 오늘의 실수도 내일의 안내문이 됩니다.

급함을 내려놓는 용기와 배움을 구하는 겸손이 함께할 때 방향은 또렷해지고, 실패를 치른 만큼 지혜의 지도를 얻습니다.

우리의 고민들...

실패를 겪고 나서도 배움이 남지 않는 느낌이 드는데, 내가 무엇을 놓치고 있는 걸까?

088
기다리다 사라진 시간들

"우리는 시계를 들여다보면서 얼마나 많은 시간을 무가치하게 낭비하고 있는가. 아직도 몇 분이 남았다고 하면서. 또는 시간이 되려면 아직 멀었다고 하면서 일 없이 아까운 시간을 쏟아 버린다."

_「시간 밖에서 살다 〈오두막 편지〉」

하루의 몇 분은 알림들 사이의 틈에서 가장 쉽게 흩어지는데, 그 시간을 방치하면 작은 미루기가 쌓여 산만함이 커집니다.

반대로 틈이 생길 때마다 짧게 집중해 주의를 한곳에 모으면 하루가 다시 정돈됩니다. 찰나의 시간도 그냥 흘려보내지 말고 작은 심호흡처럼 바로 실행할 수 있는 행동으로 사용해 보세요.

그 시간들이 쌓이면 삶의 밀도가 달라지고 미래도 자연히 가까워집니다.

우리의 고민들...
지금 당장 시작할 수 있는데 '정각'을 기다리는 습관을 언제까지 붙들고 있을까?

물처럼 흐르는 사람은
결국 바다에 닿는다

"물의 흐름이 때로는 급한 여울과 폭포를 이루지만, 그 종점인 바다에 이르기까지는 자연스러운 흐름을 따른다. 어려운 때일수록 급히 서두르지 말아야 한다."

_「그런 길은 없다 〈오두막 편지〉」

막막할수록 속도를 올리기 쉬우나, 삶은 빨리 가는 문제가 아니라 방향과 리듬을 잡는 문제입니다.

불안과 조급함이 시야를 좁힐 때 잠깐 멈춰 숨을 고르고 상황을 차분히 살피면 건널 수 있는 지점이 보입니다.

서두르지 않고 과정에 정성을 들이며 한 걸음씩 가면, 시간은 적이 아니라 동료가 되어 결국 우리를 더 넓은 자리로 데려갑니다.

우리의 고민들...

지금의 답답함을 없애려는 마음이 오히려 일을 그르치고 있는 건 아닌가?

시간이 푸는 매듭,
내가 푸는 마음

"무슨 말을 들었다고 해서 즉각 대응할 것이 아니라, 내가 남의 애기를 많이 했기 때문에 그 과보로 남한테 또 이렇게 궂은 소리를 듣는 모양이구나 하고 한 생각 돌이키면 시간이 다 해결해 줍니다."

_「부처님 옷자락을 붙잡아도 〈2009년 5월 2일 부처님 오신 날〉」

말을 되받아치고 싶을 때일수록 한 걸음 물러나면 상처를 덧내지 않고 상황을 더 정확히 볼 수 있습니다.

곧장 반격하기보다 내 말버릇과 태도를 돌아보면 갈등의 핵심이 드러나고, 시간이 감정을 걷어내며 서로의 몫을 인정할 여지도 생깁니다.

참는 것은 회피가 아니라 더 나은 말을 준비하는 기다림이니, 말의 속도를 늦출수록 관계도 완만해져 화해의 길이 열립니다.

우리의 고민들...
지금 나에 대한 평가가, 내가 던진 말의 그림자가 돌아온 것은 아닌가?

091
내가 바라던 복은 어디에 있나

"지금 이 자리에 계신 여러분도 각자 자기 자신이 어떤 맑은 복을 누리고 있는지 한번 돌이켜 보십시오. 삶 속에서 내가 정말 조촐하게 지니고 싶은 맑은 복이 있다면 어떤 것인지 돌아보십시오."

_「일기일회 〈2008년 10월 19일 가을 정기법회〉」

복을 묻는 건 큰 행운을 기다리기보다, 숨 쉬는 몸과 따뜻한 한 끼, 내 말을 들어주는 사람처럼 이미 있는 것들을 다시 알아보는 일입니다.

익숙해지면 그 가치가 흐려집니다. 평온함에 익숙해지지 말고 오늘의 작은 기쁨을 하나씩 떠올리면 욕망의 초점이 '더 많이'에서 '충분히'로 옮겨가 비교가 잦아듭니다. 복은 결국 관계와 태도에서 드러나는 것입니다.

우리의 고민들...

나는 지금 어떤 평온함을 누리고 있으면서도 알아차리지 못하고 있는가?

092

내 안에서 발견한 무한한 선(禪)의 세계

"선이란 자신의 구체적인 체험을 통해 스스로 깨닫는 일이다. 이것은 직관적으로 파악하는 것, 철저한 자기 응시를 통해 자기 안에 잠들어 있는 무한한 창조력을 일깨우는 작업이다."

_「도둑과 선 〈서 있는 사람들〉」

우리는 인생의 해답을 찾기 위해 끊임없이 외부의 목소리에 귀를 기울입니다. 하지만 진정한 깨달음인 '선(禪)'은 밖에서 구하는 것이 아니라, 구체적인 체험을 통해 스스로 일구어내는 것입니다.

내면의 심연을 들여다볼 때, 그곳에는 어떤 상황에서도 흔들리지 않고 삶을 새롭게 빚어내는 '무한한 창조력'이 잠들어 있습니다.

내 안에 잠든 가능성을 일깨우는 뜨거운 직관의 순간, 당신은 가장 경이로운 선(禪)을 체험할 수 있습니다.

우리의 고민들...

내 몸과 마음으로 직접 겪어낸 '살아 있는 배움'의 가치를 나는 살고 있는 것일까?

093

내가 나답지 않을 때
우리는 아프다

"자기답게 살려는 사람이 자기답게 살고 있을 때는 감사와 환희로
충만해 있지만, 그렇지 못할 때는 괴로워한다. 자기 몫의 생을 아무렇
게나 낭비해 버릴 수 없기 때문이다."

기쁨과 피로는 보상보다 '내가 가는 방향과 맞는가'에서 갈리니, 남
의 기준에 맞추면 칭찬받아도 허전하고 내 기준에 맞으면 성과가 작아
도 마음이 밝아집니다.

어긋남이 느껴질 때 그 신호를 피해 가지 말고 방향을 조금씩 조정
하세요.

맡은 몫에 이름을 붙이고 책임을 더해 매 순간 나를 새길 때, 감사와
환희가 습관이 되고 삶이 충실해집니다.

우리의 고민들...
지금 하고 있는 일은 내 마음이 동의한 선택인가, 관성의 결과인가?

094

성장의 다음 단계,
'의미'로 자라는 시간

"생명은 그 자신 안에서 발전할 뿐 아니라, 그 자신을 넘어 보다 높은 의미에로 발전하지 않으면 안됩니다. 꽃이 열매로 변신하듯이."

_「일상의 심화3 〈영혼의 모음〉」

성장은 기술을 더하는 데서 끝나지 않고, 그 기술을 누구와 무엇을 위해 쓰는지 분명히 하는 데서 성숙해집니다.

내 일이 타인의 시간을 덜고 존엄을 세우는지 점검하며, 성취가 커질수록 책임의 범위를 '나'에서 '우리'로 넓혀보세요.

오늘의 선택이 욕망만 채우는지 세상과 더 잘 연결되는지 자주 묻는 습관이 있을 때, 노력과 나눔이 만나 하루가 더 단단해집니다.

우리의 고민들...
내가 이루려는 목표는 나만을 위한 장식품인가, 결실이 될 열매인가?

095

하루는 반복된 선택의
결과로 남는다

"오늘 나는 이와 같이 보고, 듣고, 먹고, 말하고, 생각하고, 행동했다. 이것이 바로 현재의 내 실존이다. 그리고 이런 일들이 나를 형성하고 내 업을 이룬다."

_「오늘 하루 내 살림살이 〈홀로 사는 즐거움〉」

하루가 남기는 건 큰 사건보다, 무엇을 보고 어떤 말에 반응했는지 같은 반복된 선택의 결입니다.

먹는 것과 말하는 방식이 내 몸과 관계를 만들고, 생각은 결국 행동의 속도를 바꿔 하루의 모양까지 바꿉니다.

오늘의 나를 정직하게 기록해 작은 편향을 알아차릴 때, 내일의 나는 조금 더 책임 있게 달라집니다.

우리의 고민들...

하루를 돌아보면 뭘 했는지 흐릿한데, 이렇게 살아도 괜찮을까?

096

믿음은 조용히 키우는 일

"당신의 마음에 어떤 믿음이 움터 나면 그것을 가슴 속 깊은 곳에 은밀히 간직해두고 하나의 씨앗이 되게 하라. 그 씨앗이 당신의 가슴 속 토양에서 싹트게 하여 마침내 커다란 나무로 자라도록 기도하라."

_「생각을 씨앗으로 묻으라 〈버리고 떠나기〉

처음의 확신은 쉽게 흔들리니, 소리 내어 설명하기보다 나만 아는 자리에서 먼저 손을 움직이는 게 필요합니다.

하루의 작은 실천을 반복하면 마음에 근거가 생겨 외로워도 내 속도가 만들어지고, 말로 다짐한 나보다 조용히 해낸 내가 나를 설득합니다.

변화가 눈에 띄지 않아도 믿음을 하루에 한 번씩 확인하는 태도가 쌓일 때, 흔들림은 잦아들고 성장은 이루어집니다.

우리의 고민들...
아무도 알아주지 않는 시간 속에서 계속 열심히 해봤자 나만 뒤처지는 건 아닐까?

097
순간을 허투루 쓰지 않는 사람

"어떤 높은 자리를 차지하느냐에 인생의 목적이 있지 않고, 자기 자신에게 주어진 인생을 순간순간 최선을 다해 최대한으로 살아가는 데에 삶의 의미를 두어야 할 것이다."

_「인간과 자연4 〈텅 빈 충만〉」

직함과 성취로 나를 채우면, 그것이 없을 때 공허해지기 쉽습니다. 삶을 받치는 건 자리의 높이보다 하루를 다루는 성실함입니다.

나 자신과의 약속을 지키는 작은 축적이 능력과 신뢰를 키우고 마음을 덜 흔들리게 합니다.

오늘의 한순간을 책임 있게 살아낼 때, 의미는 멀리 있는 훈장보다 내 삶의 흔적 속에서 자랍니다.

우리의 고민들...
지금 이 자리에서 최선을 다해도 결국 '더 높은 곳'에 못 가면 나는 실패한 걸까?

내 삶의 답안지

"사람이 무엇 때문에 사는지, 무엇을 위해 살아야 할 것인지, 그리고 순간순간을 어떻게 살아야 할 것인지는 저마다 자신이 선택해야 할 삶의 과제다."

_「섣달 그믐밤 〈새들이 떠나간 숲은 적막하다〉」

삶의 이유를 남에게서 빌리면 쉽게 흔들리니, 거창한 선언보다 내가 이해할 기준을 세우는 게 먼저입니다.

어떤 관계를 지키고 무엇을 포기하지 않을지 정해두면, 오늘의 말투와 지친 나를 대하는 방식 같은 작은 선택들이 모여 방향을 만듭니다.

내가 고른 삶을 스스로 책임질 때 하루는 남의 그림자에서 벗어나 또렷해집니다.

우리의 고민들...

나는 지금 뭘 위해 이렇게 바쁘게 사는 걸까, 혹시 남의 기대만 채우고 있는 걸까?

099
헤어질 때 남는 진짜 '나'

"정면은 그 사람의 교양이며 사회적인 지위 또는 영양 상태와 치장과 허세로써 얼마쯤은 위장할 수 있지만, 후면에는 전혀 그런 장치가 가설될 만한 오관이 없다."

_「뒷모습 〈산방한담〉」

우리는 겉모습을 그럴듯해 보이게 꾸미려 하지만, 진짜 품격은 시선이 사라진 뒤의 태도에서 드러납니다.

일을 마친 뒤의 정리, 떠날 때의 예의처럼 아무도 보지 않는 순간에 남는 습관이 신뢰를 만들고, 그때 드러난 성급함이나 무심함이 곧 평소의 나입니다.

겉을 가꾸되 보이지 않는 시간을 더 정직하게 정돈할 때, 내면은 오히려 더 또렷해집니다.

우리의 고민들...

사람들 앞에서는 괜찮은 척하는데, 혼자 남으면 왜 이렇게 날카로워질까?

100

알림을 끄면, 내 마음이 들린다

"바깥소리에 팔리다 보면 내심의 소리를 들을 수 없다. 지식과 정보에 의존하다 보면 개인의 창의력을 묵히게 되어 인간 그 자체가 시들어간다."

_「세상이 너무 시끄럽다 〈산방한담〉」

알림과 속보에 하루를 내주면 정보는 늘어도 내 생각은 얕아지고, 어느새 남의 목소리로 판단하게 됩니다.

더 많이 읽기보다 잠깐 멈춰 숨을 고르며 바깥 소리를 내려놓을 때, 내가 무엇을 원하는지 스스로 물을 여지가 생깁니다.

조용히 궁금해하고 시행착오를 견디는 시간이 돌아오면 마음의 무 뎌짐이 풀리고, 내 속도를 되찾은 자리에서 질문과 창의력이 다시 살아 납니다.

우리의 고민들...
내가 뒤처지는 것 같아서 자꾸만 세상에 대해 더 찾아보는 건 아닐까?

101

칭찬에도 비난에도
무너지지 않는 나

"우리가 인간으로서 도달할 수 있는 최고 수준은 더 물을 것도 없이 사람다운 사람이 되는 것이다. 그러기 위해서는 우리들의 삶 자체가 확고한 기반 위에 서야 한다."

_「침묵에 기대다 〈물소리 바람소리〉」

성과를 목표로 삼으면 서두르기 쉽지만, 결국 남는 평가는 사람을 대하는 태도와 나 자신을 다룬 방식입니다.

마음이 흔들릴수록 말과 행동이 거칠어지니, 약속 지키기, 과장하지 않기 같은 '기본'으로 돌아갈 바탕을 평소에 길러야 합니다.

잠시 멈춰서 차근차근 기준을 다시 세우고 오늘을 점검할 때, 칭찬에도 들뜨지 않고 비난에도 무너지지 않으며 성장과 관계가 오래가는 방향으로 나아갑니다.

우리의 고민들...

성과는 내는데도 마음이 허한데, 나는 지금 어떤 사람이 되고 있는 걸까?

# 102
떠밀림을 멈추고,
나부터 다시 잡기

"우리들의 삶을 우리들 스스로 살지 못하고 무엇엔가 떠밀려 살게 될 때, 소중한 우리 인생은 마치 남의 삶처럼 시들해지게 마련입니다."

_「봄의 이변 〈물소리 바람소리〉」

하루가 끝나도 내가 뭘 선택했는지 기억나지 않는 날은, 해야 해서 하고 밀려와서 받아낸 일만 남아 내 시간이 남의 일정표처럼 느껴집니다.

관계의 기대와 성과 압박, 습관처럼 켜는 화면이 나를 끌고 가면 마음이 무뎌지고 하루의 색이 옅어집니다.

작은 무력감을 신호로 삼아 "왜 이걸 했지", "어디로 가고 있지"를 다시 묻는 순간부터 내 삶의 주도권이 돌아오기 시작합니다.

우리의 고민들...

아무 생각 없이 지내다가도 "내가 뭘 좋아했지?" 하고 문득 멈춰 서게 되는 건 왜일까?

103
누구도 대신 못 사는
내 하루를 위해

"내 소망은 단순하게 사는 일이다. 그리고 평범하게 사는 일이다. 느낌과 의지대로 자연스럽게 살고 싶다. 그 누구도, 내 삶을 대신해서 살아줄 수 없다. 나는 나답게 살고 싶다."

_「자기 관리 〈오두막 편지〉」

삶이 복잡해질 때는 꼭 필요한 것보다 '남에게 보일 것'이 늘어나 일정과 물건은 쌓이는 데 마음은 공허해지기 쉽습니다.

화려한 계획 대신 작은 취향을 존중하고 과한 약속을 줄여 내 리듬을 되찾아보세요.

그렇게 평범함을 성실히 살아낼 때 삶은 가벼워지고, 나는 조용히 나답게 단단해집니다.

우리의 고민들...

나는 지금 내 마음대로 살고 있는 걸까, 그냥 남들 기대에 맞춰 연기하고 있는 걸까?

104

꿈을 놓는 날, 늙기 시작한다

"우리는 자신의 꿈과 이상을 저버릴 때 늙는다. 세월은 우리 얼굴에 주름살을 남기지만 우리가 일에 대한 흥미를 잃을 때는 영혼이 주름지게 된다."

_「노년의 아름다움 〈아름다운 마무리〉」

늙음은 나이보다 먼저 태도에서 시작되기 쉬워, 익숙함이 편해도 마음이 낡으면 하루가 금방 빛을 잃습니다.

어제와 같은 일을 하더라도 "왜"와 "어떻게"를 묻는 힘이 남아 있으면 삶은 계속 움직이고, 흥미가 꺼진 채 버티기만 하면 내 안의 생각들이 굳어갑니다.

오늘 무엇에 마음이 반응했는지 살피며 나를 계속 알아갈 때 생기는 다시 돌아옵니다.

우리의 고민들...

이게 슬럼프일까, 내가 진짜로 늙어가고 있는 걸까?

105

내 씨앗이 잘 자라는
자리는 어디인가

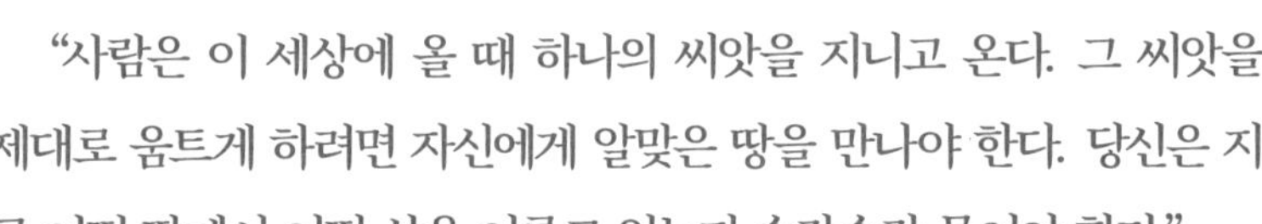

"사람은 이 세상에 올 때 하나의 씨앗을 지니고 온다. 그 씨앗을 제대로 움트게 하려면 자신에게 알맞은 땅을 만나야 한다. 당신은 지금 어떤 땅에서 어떤 삶을 이루고 있는지 순간순간 물어야 한다."

_「자신에게 알맞은 땅을 〈아름다운 마무리〉」

사람마다 성향과 재능이 다르니, 단순히 버티기보다 지금 어디에서 무엇이 자라고 있는지 자주 점검하는 게 필요합니다.

좋은 자리는 장점이 잘 쓰이고 마음이 덜 다치는 곳이며, 불안과 비교만 키우는 곳에서는 열심히 해도 쉽게 시들 수 있습니다.

매일 머무는 공간과 사람, 그리고 일하는 방식이 나를 빚어 가는 만큼, 선택지마다 내게 남기는 영향도 다르다는 걸 알게 됩니다.

우리의 고민들...

지금 있는 곳이 나한테 맞는 자리일까, 아니면 내가 그냥 적응하려 애쓰고 있는 걸까?

"삶은 눈에 보이는 것보다, 마음으로 바라보는 것이 더 중요하다."

PART 4

관계는
왜 어려울까?

_가족·사랑·갈등

#기대 내려놓기 #다름과 함께 살기 #미움 다루기 #말의 절제 #용서와 거리두기

106

어떤 만남은 나를
다른 사람으로 만든다

"반드시 어떤 만남에 의해서만 인간은 성장하고 또 형성된다. 그것이 사람이든 책이든 혹은 사상이든 간에 만남에 의해서 거듭거듭 형성되어간다."

_「만남 〈영혼의 모음〉」

사람은 스스로를 만든다기보다 만난 말과 책, 관계 속 경험에 의해 자주 다시 쓰이며, 좋은 만남은 가능성을 깨우고 불편한 만남은 약점을 끌어냅니다.

이처럼 관계는 친밀함을 넘어 내 성격을 드러내고 다듬는 자리이니, 만날 때 무엇을 배울지 점검해야 소모를 줄일 수 있습니다.

상대와 함께 성장하려는 태도로 만나면, 오늘 만남은 나를 더 나답게 만들며 관계도 성숙해집니다.

우리의 고민들...
이 관계가 나를 더 나답게 만드는지, 아니면 나를 흐리게 만드는지 어떻게 점검할 수 있을까?

107
말을 줄일수록 남는 우정

"전화를 붙들고 있는 시간이 길면 길수록 우정의 밀도가 소멸된다는 사실도 기억해 두어야 한다."

_「등잔에 기름을 채우고 〈오두막 편지〉」

관계의 품격은 말의 양이 아니라 상대의 시간을 존중하는 태도에서 드러나며, 긴 통화와 끝없는 메시지는 오히려 집중과 배려를 소모시킬 수 있습니다.

상대의 일과를 헤아려 짧게 안부를 묻고, 필요할 때는 간결하게 핵심을 전하되 듣는 순간만큼은 온전히 귀를 내어주면 관계가 단단해집니다.

말을 줄이는 것은 정을 줄이는 게 아니라 관계의 밀도를 높이는 일입니다.

우리의 고민들...
연락을 줄이면 소원해지는 걸까, 아니면 지금의 장황함이 이미 거리를 만들고 있는 걸까?

좋은 사람을 바라기 전에

"내 주변에서 나쁜 친구를 가려내기 전에 나 자신이 과연 남에게 좋은 친구 역할을 하고 있는지, 스스로 물어봐야 합니다."

_「영혼을 깨우는 벗을 찾으라 〈2000년 12월 17일 길상사 창건 3주년〉」

관계가 힘들수록 상대를 평가하기 쉽지만, 관계의 분위기는 내 태도에서도 시작됩니다.

불만은 쌓아두고 친절만 요구하면 가까울수록 금이 가니, 내가 먼저 신뢰를 지킬 준비가 되었는지 점검해 보세요.

내 말이 상대에게 좋은 영향을 줬는지, 상대의 말을 경청했는지 돌아보고 성급히 서운해하며 단정 짓지 않을 때, 관계를 푸는 첫 실마리가 내 안에서 시작됩니다.

우리의 고민들...

좋은 친구를 원하면서도, 나는 누군가에게 편히 기대도 되는 사람으로 살고 있는 걸까?

살짝 스쳐도,
만남은 흔적을 남긴다

"우선 만났다는 그 인연에 감사하지 않을 수 없다. 같은 하늘 밑, 똑같은 언어와 풍속 안에 살면서도 서로가 스쳐 지나가고 마는 인간의 생태이기 때문이다."

_「탁상 시계 이야기 〈무소유〉」

하루에 많은 사람이 스쳐 가도 마음에 남는 만남은 몇 되지 않기에, 관계는 소유가 아니라 잠시 함께 지나간 시간의 결에 가깝습니다.

우리가 마주치는 인연이 때와 조건이 맞아 이어지는 시절인연(時節因緣)이라 생각하면, 그 우연한 접점을 함부로 다루지 않아야 하겠죠.

내가 남긴 표정과 말투가 누군가의 그날 기억이 될 수 있음을 기억하고, 스치는 인연을 정성으로 대할수록 지금의 관계도 더 단단해집니다.

우리의 고민들...

가까운 사이일수록 기대가 커지는데, 그 기대 때문에 관계가 망가지는 건 아닐까?

110
내가 건넨 마음이 관계의
온도가 된다

"세상일이란 모두가 마음과 마음끼리 주고받는 메아리다. 미운 마음으로 보내면 미운 마음으로써 응답이 오고, 어진 마음으로 치면 어진 마음으로 울려온다."

_「마음의 메아리 〈물소리 바람소리〉」

오해가 커질 때 우리는 상대의 말만 따지지만, 같은 말도 내가 어떤 마음으로 받아들이느냐에 따라 의미가 달라집니다.

지쳐 있으면 사소한 표정도 비난처럼 보여 반응이 날카로워지고, 그 반응이 다시 상대를 굳게 만듭니다.

그래서 나의 의심, 불신, 서운함 등이 대화의 공기를 탁하게 하는지 먼저 점검하고 마음의 톤을 한 단계 낮추면, 관계의 흐름은 부드럽게 달라질 수 있습니다.

우리의 고민들...

나는 그냥 사실을 말했을 뿐인데. 왜 자꾸 상대는 공격으로 받아들이는 걸까? 내 말투가 문제였을까?

111

사랑할 시간은 따로 없다

"우리가 지금 이 순간, 전 존재를 기울여 누군가를 사랑하고 있다면, 이 다음에는 더욱 많은 이웃들을 사랑할 수 있다. 이 다음 순간은 지금 이 순간에서 태어나기 때문이다."

_「적게 가져야 더 많이 얻는다 〈산에는 꽃이 피네〉」

사랑은 여유가 생기면 하겠다고 미루기 쉽지만, 관계와 마음의 온도는 기다려주지 않습니다.

그래서 내일을 약속하기보다 지금 건네는 한마디와 오늘의 태도로 다음 장면을 준비해야 합니다.

가까운 사람을 성실히 대하는 작은 선택을 '언젠가'가 아니라 '오늘'로 옮길 때, 관계는 더 고요하고 단단해집니다.

우리의 고민들...

지금 잘해주지 못하면 늦을까 불안한데, 막상 표현하려면 왜 이렇게 어색할까?

112
간격이 사라질 때
비로소 보이는 것들

"대상과 하나가 될 때 사람은 맑아진다. 너와 나의 간격이 사라져 하나가 될 때 사람은 투명해진다."

_「빈 그릇으로 명상하다 〈홀로 사는 즐거움〉」

관계가 흐려질 때 '나'의 감정만 살피면 상대를 평가 대상으로 만들기 쉬우니, 잠시 중심에서 물러나 상대의 말을 끝까지 듣고 섣불리 단정하지 않는 태도가 필요합니다.

감정을 덧칠하지 않고 가까이 들으면 거리감이 좁아지고 오해도 줄어들며, 함께 있는 동안 딴생각을 줄일수록 말투와 표정도 부드러워집니다.

있는 그대로 보고자 할 때 관계가 맑아지고, 내 마음의 혼탁함도 함께 씻깁니다.

우리의 고민들...

대화를 할 때 오해가 반복되는데, 내가 너무 내 방식대로 해석하는 걸까?

113

함께 지내려면
나를 잃지 않아야 한다

"이 일 저 일에 정신을 빼앗기거나 섞이다 보면 어느덧 내가 없어지고 만다. 일상적인 속됨에 길들여져 표류하노라면 알짜인 나는 시들어 버리고 박제된 내 껍데기만 남는다는 말이다."

_ 「소창다명 〈서 있는 사람들〉」

사람 사이에 오래 있으면 친해져도 내 감정을 뒤로 미루는 만큼 속이 비는 날이 생기니, 가끔은 혼자 있는 시간을 마음을 정비하는 시간으로 확보할 필요가 있습니다.

조용한 틈에서 내가 무엇을 원했고 무엇이 힘들었는지 정리해야 다시 사람을 만날 때 휩쓸리지 않고 곁에 설 수 있습니다.

내가 나로 돌아오는 시간이 있을 때 말은 덜 거칠어지고, 관계도 더 따뜻하고 단단해집니다.

우리의 고민들...
사람들이랑 있으면 외로운 건 덜한데, 왜 집에 오면 내가 텅 빈 느낌일까?

꽃이 열매로 답하듯

"이 세상에 살아 있는 모든 생명체는 주고받는 관계 속에서 그 생명을 유지해간다. 뿌리는 대지로부터 끊임없이 받아들이고, 그 보상으로 꽃과 열매로써 대지에 되돌려준다."

_「낙엽은 뿌리로 돌아간다 〈버리고 떠나기〉」

관계가 편안해도 한쪽이 계속 맞추기만 하면 마음이 마르기 쉬우니, 받은 것을 기억하고 작은 정성으로 되돌려주는 습관이 필요합니다.

주고받음은 계산이 아니라 서로를 살리는 리듬이라, 약속을 지키는 태도, 고마움을 말하는 순간이 그 균형을 만듭니다.

"얼마나 받았나"보다 "나는 무엇을 건네고 있나"를 자주 묻고 서로 조금씩 돌려줄 때, 관계가 오래갑니다.

우리의 고민들...
고마움을 바라는 내가 속 좁은 걸까? 아무것도 바라지 않는 게 진정한 관계인 걸까?

힘든 날 곁을 지키는
마음이 남기는 것

"이웃과 고락을 함께하면서 즉 이웃과 나누는 일을 통해서 나 자신을 가꾸어야 한다. 인정의 샘이 넘쳐야 나 자신의 삶이 그만큼 아름다워지기 때문이다."

_「어느 암자의 작은 연못 〈아름다운 마무리〉」

사람 사이의 온기는 큰 사건보다, 기쁜 일에 박수치고 힘든 날에 곁을 지키는 작은 나눔이 반복될 때 만들어집니다.

누군가의 고단함을 들어주면 내 불평이 줄어들며, 나눔은 마음의 폭을 넓혀 관계의 바닥을 단단하게 합니다.

따뜻함을 자주 건네는 습관이 같은 하루를 더 곱게 기억하게 하고, 오늘의 온기가 내일의 나를 지켜준다는 믿음이 삶을 조용히 밝힙니다.

우리의 고민들...
잘해주고 싶다가도 "혹시 이용당하는 것이 아닐까?" 하는 의심이 생기는 건 왜일까?

116

닮고 싶은 사람 곁에서

"존경할만한 대상이 없는 인생은 삭막한 인생입니다. 자기 성장을 할 수 있는 발판이 이루어지지 않습니다."

_「부처님 오신 날이 아니라 부처님 오시는 날 〈2006년 5월 5일 부처님 오신 날〉」

삶이 건조해질 때는 배울 마음이 닫힌 경우가 많으니, 존경을 '숭배'가 아니라 "나도 저렇게 살고 싶다"라는 방향으로 다시 세워보면 관계의 온도가 달라집니다.

닮고 싶은 태도를 지닌 사람을 가까이 두면 비교와 냉소 대신 말투와 선택이 정돈되고, 그 사람의 성실함을 알아보는 예의가 내 삶의 품격을 지켜줍니다.

관계 속에 배움의 마음을 살려둘 때 성장은 이미 오늘 진행 중입니다.

우리의 고민들...

왜 존경할 만한 사람이 주변에 없는 걸까, 내가 존경을 너무 숭고한 마음가짐으로 생각하고 있는 걸까?

117

도움이 빚이 되지 않게
건네는 태도

"베푸는 것을 수직관계로 생각하지 마십시오. 있는 사람이 없는 사람에게 무엇을 주는 것이 아닙니다. 수평적으로 나누는 일입니다."

_「부처님 오신 날이 아니라 부처님 오시는 날 〈2006년 5월 5일 부처님 오신 날〉」

도움을 주고도 불편한 건 나도 모르게 '내가 위, 상대가 아래'인 구도가 생긴 것일 수도 있으니, 나눔을 함께 살아가기 위한 손길로 다시 잡을 필요가 있습니다.

작은 친절이라도 상대의 자리를 남겨두고, 내 안의 우월감이나 인정 욕구를 조용히 점검하면 고마움이 빚처럼 남지 않습니다.

받는 사람도 언젠가 다른 방식으로 돌려줄 수 있음을 기억하며 수평으로 건넬 때, 나눔은 신뢰로 오래 남습니다.

우리의 고민들...

받는 입장일 때 괜히 작아지는 느낌이 드는 건 어떻게 극복해야 할까?

118
무심해진 마음에 온기를
다시 들이는 연습

"따뜻한 가슴은 어디서 오는가. 따뜻한 가슴은 저절로 움트지 않는다. 이웃과의 정다운 관계를 통해서, 사물과의 조화로운 접촉을 통해서 가슴이 따뜻해진다."

_「그 산중에 무엇이 있는가 〈오두막 편지〉」

따뜻함이 사라진 것 같을 때도 그것을 내 성격으로 단정하기보다, 습관을 다시 세우면 마음의 온도는 돌아옵니다.

안부 한마디를 먼저 건네고 사람을 대할 때 한 박자 늦추면 무심함이 줄며, 주변을 정리하고 돌보는 작은 행동은 내 속도도 차분하게 만듭니다.

이렇게 내가 먼저 내보낸 따뜻함이 쌓일수록 마음은 다시 데워지고 관계도 부드럽게 이어집니다.

우리의 고민들...

친절하게 굴고 싶은데 막상 누군가 다가오면 귀찮은 마음이 올라오는 건 왜일까?

119
상처가 나를 지배하지 못하게 하는 결심

"'용서가 있는 곳에 신이 계신다'는 말을 기억하라. 용서는 저쪽 상처를 치유할 뿐 아니라 굳게 닫힌 이쪽 마음의 문도 활짝 열게 한다."

_「우리가 누군가를 용서하면 신도 우리를 용서 한다 〈2004년 4월 길상사 봄 정기법회〉」

상처를 오래 붙들면 내가 먼저 지치고 마음의 세계도 좁아집니다. 용서는 잊겠다는 말이 아니라 그 사건이 내 하루를 더는 지배하지 못하게 하려는 결심입니다.

상대의 잘못을 인정하되 내 마음을 풀어 숨을 되찾으면 닫혀 있던 마음의 벽이 허물어지고, 붙잡고 있던 이야기의 무게도 가벼워집니다.

그렇게 마음이 조금 열릴 때 관계의 다음 단계가 가능해지고, 나는 나를 다시 믿을 여백을 얻습니다.

우리의 고민들...

용서하면 내가 진 것 같고, 계속 미워하면 내가 더 망가지는 것 같아서 갈피를 못 잡겠는데 어떻게 해야 할까?

120

가치가 어긋날 때
관계는 조용히 떠난다

"스승 제자 간이든 연인 간이든 혹은 부부간이든, 한집 한 도량에 산다 할지라도 뜻이 같지 않으면 그 거리는 십만 팔천 리입니다."

_「부처님 옷자락을 붙잡아도 〈2009년 5월 2일 부처님 오신 날〉」

같은 공간에 있어도 멀어지는 관계는 말투나 습관보다, 무엇을 중요하게 여기는지가 어긋날 때가 많습니다.

큰 틀이 다르면 작은 오해가 피로로 쌓여 서운함이 되고, 결국 상대가 낯설게 느껴지기 쉽습니다.

그래서 관계를 이어가려면 감정만 맞추기보다 서로의 우선순위와 지키고 싶은 가치를 확인해 공통의 방향을 세우는 일이 필요합니다.

우리의 고민들…

사소한 다툼인 줄 알았는데 왜 오랫동안 풀릴 기미가 보이지 않을까?

121

열린 마음이 만드는 '우리'의 거리

"남이란 내 분신입니다. 나와 무관한 타인이 아닙니다. 열린 마음으로 보면 모두가 하나이고, 겹겹으로 닫힌 마음으로 보면 모두가 타인입니다."

_「한평생 몇 번이나 둥근달을 볼까 〈2002년 10월 27일 뉴욕 불광사 초청법회〉」

관계가 멀어지는 건 마음의 문이 닫히는 순간이며, 그때는 같은 말도 의심으로 들리고 작은 실수도 크게 보입니다.

마음이 닫히면 상대를 한 사람으로 보기보다 불편한 '대상'으로만 보기 쉬우니, 잠시 멈춰서 마음을 열고 사정을 보려 해보세요.

시선을 바꾸면 관계가 나아지고, 나 또한 더 따뜻하게 다시 빚어집니다.

우리의 고민들...

사람들이 모두 나와 상관없는 타인처럼 느껴질 때가 있는데, 내가 외로워서 그런 걸까?

122

세상을 보면, 우리가 보인다

"우리들 한 사람 한 사람이 만든 세상이 바로 이 세상입니다. 따라서 이 세상을 보면 우리들 한 사람 한 사람이 어떤 상태인가를 미루어 알 수 있습니다."

_「살아 있는 생명을 죽이지 말라 〈2002년 5월 19일 부처님 오신 날〉」

세상이 거칠게 느껴질 때 남 탓부터 하기 쉽지만, 우리가 사는 분위기는 거대한 누군가가 아니라 각자의 말투와 태도가 모여 만들어집니다.

인사 한마디, 댓글의 온도 같은 작은 배려가 쌓여 이 세상의 기본값이 됩니다.

그래서 세상을 바꾸는 출발은 내 주변을 대하는 방식에 있습니다. 내가 여유를 회복해 오늘 어떤 사람으로 살지 점검할 때 사회도 함께 달라집니다.

우리의 고민들...

내가 조금 친절해진다고 과연 세상이 달라질까?

123
스쳐 가는 사이에도
마음은 남는다

"인간에게 관계란 뭘까. 마주치면 아는 체하고 이야기를 나누다가 뿔뿔이 흩어진다. 언제 어디서 다시 만날 기약도 없이."

_「장대 하나 걸쳐 놓은 국경 〈인도기행〉」

관계의 거리는 생각보다 자주 바뀌어, 매일 보던 사람도 어느 날은 안부만 남기고 지나가곤 합니다.

이를 붙잡기보다 잠시 같은 길을 걷는 동행으로 보면, 과한 기대가 줄고 말투와 태도도 부드러워집니다.

짧은 인사와 작은 배려가 누군가의 하루에 남을 수 있음을 기억하며, 지금의 순간을 책임 있게 대하면 어떤 관계든 오래 유지됩니다.

우리의 고민들...

스쳐 지나가는 사람에게도 예의를 지키는 건 너무 과하지 않을까?

124

똑같지 않아서 더 소중한 얼굴들

"곁에 있는 사람들 얼굴을 한번 돌아보십시오. 모두가 다릅니다.
형제끼리 비슷할 수는 있지만, 똑같은 얼굴은 하나도 없습니다."

_「한 사람은 모두를, 모두는 한 사람을 〈2002년 2월 17일 2월 정기법회〉」

관계가 익숙해지면 사람을 '늘 이런 사람'이라고 단정하기 쉬우나,
우리는 모두 저마다의 시간을 살아온 유일한 존재입니다.

그 유일함을 놓치면 "원래 너는 그렇잖아" 같은 말로 상대를 내 틀
에 끼워 상처 주게 됩니다.

서로 다름을 받아들이고 오늘 곁에 있는 얼굴을 다시 바라볼 때,
관계는 더 따뜻해집니다.

우리의 고민들...

"너는 원래 그래"라는 말을 듣거나 하게 될 때, 우리는 서로를 너무 쉽게 규정해버린 게 아닐까?

125

혼자인 날들이 꼭 외롭지만은
않은 이유

"사람은 혼자 사는 존재가 아닙니다. 시간적, 공간적으로 떨어져 있다고 해서 혼자일 수는 없습니다. 각자 개별적인 환경에 있으면서도 사람은 사회적인 존재입니다."

_「한 사람은 모두를, 모두는 한 사람을 〈2002년 2월 17일 2월 정기법회〉」

우리는 늘 누군가의 말과 배려, 때로는 상처의 기억을 안고 살아가며 관계의 영향 속에서 선택과 기분이 달라집니다.

관계를 끊으면 편할 것 같지만 빈자리는 다른 외로움으로 남을 수 있습니다. 그러므로 함께 산다는 건 서로에게 영향을 주고받는 일임을 기억해야 합니다.

오늘 내가 어떤 말과 태도로 곁에 서는지가 상대의 하루를 바꾸고, 그 반응이 다시 내 삶을 더 단단하게 만듭니다.

우리의 고민들...

혼자 있고 싶은데, 막상 혼자 있으면 더 불안해지는 건 왜일까?

좋아할수록 더 천천히

"어떤 사람이 좋아서 금방 다가가기보다는, 좀 떨어져서 그 사람을 바라보는 그런 삶의 태도를 가져야 합니다. 다가가기 전에 이만치서 그 사람을 바라보는 것을 즐길 수 있어야 합니다."

_「문명의 소도구로 전락하지 말라 〈2001년 2월 18일 2월 정기법회〉」

관계에서 실수는 마음이 앞서 나갈 때 생기니, 좋아할수록 상대의 속도를 건너뛰지 않도록 한 걸음 조절하는 게 필요합니다.

거리를 조금 두면 호의가 기대와 압박으로 변하는 걸 막고, 내가 만든 환상도 가라앉습니다.

그렇게 서로 알맞은 속도로 쌓인 편안함이 신뢰가 되고, 서두르지 않는 사람이 오히려 더 깊이 사랑하게 됩니다.

우리의 고민들...

상대를 너무 이상화했다가 실망할까 봐 겁나는데, 어디까지 믿고 다가가야 할까?

127
한 번 돌아가도 괜찮은 날

"세상을 자기중심적으로 살려고 하면 그 길이 막힙니다. 여럿이 어울려 사는 세상이기 때문에 남의 처지를 살펴야 합니다. 관계의 이웃을 고려하여, 그 속에서 자신을 찾고 닦아야 합니다."

_「직선으로 가지 말고 곡선으로 돌아가라 〈2005년 10월 16일 가을 정기법회〉」

조급해질수록 내 기준과 속도를 밀어붙여 관계가 협력보다 장애물처럼 보이기 쉬우니, 같이 갈 수 있는 폭을 찾는 태도가 필요합니다.

이는 눈치 보는 것이 아니라 현실적인 조율이며, 관계는 서로를 비춰 주는 거울이 됩니다.

그래서 한 번 돌아가는 선택은 더딜지라도 단단함과 유연함의 균형을 배우게 하고, 결국 더 오래 가는 인연이 될 때가 많습니다.

우리의 고민들...

상대 사정을 이해하려고 하면 내가 손해 보는 느낌이 드는데, 내가 너무 이기적인 걸까?

128

마음을 더 따뜻하게 지키는 법

"이 어지러운 세상, 이 삭막한 세상, 이 무서운 세상을 그 어떤 힘으로도 구할 길이 없습니다. 자비심만이, 사랑만이 우리들 자신을 일으켜 세우고 이웃을 구하고 세상을 구할 수 있습니다."

_「어디서 왔으며 무엇을 위해 왔는가 〈2005년 5월 15일 부처님 오신 날〉」

세상이 거칠수록 마음을 닫고 계산을 앞세우기 쉬우나, 그 방어가 습관이 되면 관계가 삭막해져 결국 나도 더 외로워집니다.

사랑은 무너진 마음을 일으키는 힘이니, 상대를 함부로 단정하지 말고 한 번 더 이해하려는 태도로 바꿔보세요.

먼저 부드러워지는 선택이 억울해도 그 온기가 이어질 때 내 마음이 먼저 살아나고, 관계와 세상도 조금 덜 무서워집니다.

우리의 고민들...

나는 내 주변 관계 하나도 지키기 버거운데, 사랑하기에 벅찬 내가 너무 메마른 걸까?

129

하루 끝에 평온이 내려앉는 자리

"왕이든 평민이든 가정에서 평화를 찾는 자가 가장 행복한 사람입니다. 자기 집에 들어와서 평온한 분위기를 누릴 수 있는 자가 가장 행복한 사람입니다."

_「부처님께 용돈 20만 원 〈2005년 4월 17일 봄 정기법회〉」

집으로 돌아오는 발걸음이 무거울 때가 있듯 행복은 성취보다 하루 끝에 마음이 편히 내려앉는 자리에서 또렷해집니다.

가정의 평온은 형편보다 말투와 표정이 얼마나 편안한지에 달려있어, 집이 쉼터면 밖에서도 덜 흔들리지만, 집에 긴장이 가득하면 가까운 사람에게 더 거칠어지기 쉽습니다.

서로 이기려는 마음 대신 이해하려는 마음을 매일 조금씩 보탤 때, 문을 열자마자 나를 안아주는 공기가 맴도는 집이 됩니다.

우리의 고민들...

익숙하다는 이유로 가족을 소홀히 대하고 있는 건 아닐까? 그 마음을 어떻게 보답할 수 있을까?

130

주는 기쁨이
나를 가볍게 하는 날들

"받는 기쁨은 더 많은 것을 원하게 되고, 또 그것을 지키려는 괴로움으로 변하기 쉽다. 그러나 주는 기쁨은 그 자체가 욕망의 소멸이며 나누어 가짐에서 오는 충만이다."

_「자신의 집을 승원으로 만든 유녀 〈인도기행〉

관계에서 받은 것만 세면 기대가 커지고 서운함도 쌓이기 쉬우니, 내가 무엇을 건넸는지 떠올리며 방향을 바꿔보는 게 좋습니다.

작은 나눔은 상대를 돕는 동시에 내 조급함을 누그러뜨려, 관계를 거래가 아니라 온기로 이어줍니다.

베풂이 습관이 되면 마음이 맑아지고 만족도 깊어집니다. 관계를 풍요롭게 하는 힘은 더 받는 능력보다 기꺼이 나누는 태도에서 자랍니다.

우리의 고민들...

상대가 나에게 호의를 베풀수록 당연하게 받아들이는 태도는 어떻게 고쳐야 할까?

131
함께하는 사람은 결국
또 다른 나였다

"누구와 함께 자리를 같이할 것인가. 유유상종, 살아 있는 것들은 끼리끼리 어울린다. 그러니 자리를 같이하는 그 상대가 그의 한 분신임을 알아야 한다."

_「누구와 함께 자리를 같이하라 〈맑고 향기롭게〉」

누구와 시간을 보내는지는 내 말투와 습관을 바꿔 결국 '어떤 사람'이 되는지까지 영향을 줍니다.

불편한 자리에 오래 있으면 마음이 방어적으로 굳고, 성실한 사람 곁에서는 약속을 더 소중히 여기게 됩니다.

그래서 좋은 사람을 찾기 전에 내가 만드는 분위기와 반복하는 대화를 점검하며, 오늘의 자리가 나를 더 나은 사람으로 만드는지 묻는 것이 관계의 기준이 됩니다.

우리의 고민들...

요즘 만나는 사람들과 있으면 마음이 찜찜한데도 끊으면 외로울까 봐 계속 붙어 있게 되는데, 유지하는 게 맞는 걸까?

고요에서 태어나
고요로 돌아가는 말

"침묵을 배경으로 하지 않은 언어는 사실상 소음이나 다를 바 없다. 하루에도 무수히 의미 없이 주고받는 우리들의 대화가 시장의 소음과 다를 게 무엇인가."

_「비가 내린다 〈영혼의 모음〉」

관계가 흔들릴 때 말을 늘리면 오히려 소음이 커져 마음은 닿지 않고 피로만 쌓일 수 있으니, 침묵을 통해 '말을 가라앉히는 시간'을 두는 게 필요합니다.

조용한 틈에서 내가 정말 전하고 싶은 핵심이 정리되고, 상대를 이기려 하지 않는 말은 상처를 줄입니다.

침묵이 바탕이 될 때, 관계의 언어는 소음이 아니라 오래 남는 진심이 됩니다.

우리의 고민들...

대화는 많이 하는데 왜 점점 더 멀어질까, 우리가 서로 말만 하고 듣지는 않는 걸까?

내 마음의 등불 밝히기

"우리들 자신 속에 있는 등불을 밝히는 일이다. 그 빛으로 우선 인간의 발부리를 비추어야 한다."

_「오시는 날 〈영혼의 모음〉」

관계가 어두워질 때는 상대가 부족해서라기보다 내가 지치고 불안해 마음의 여유를 잃고 말이 차가워지는 경우가 많습니다.

이럴 땐 설득으로 상대를 바꾸려 하기보다 내 안의 따뜻함을 먼저 회복해, 상대의 실수도 이해하며 대화의 문을 닫지 않게 해야 합니다.

작은 행동이 믿음을 키우며, 서로의 발밑을 비추는 등불이 될 때 관계는 싸움이 아니라 동행이 됩니다.

우리의 고민들...

상대를 믿고 싶으면서도 자꾸 의심이 올라오고 싸우게 되는 건 왜일까?

134

비교 대신 축하가 남는 사이

"자비란 기쁨을 나누어주고 슬픔을 거두어준다는 뜻이다. 좋은 일에는 함께 기뻐하고 괴롭거나 슬픈 일에는 함께 신음하는 것이다."

_「복의 힘3 〈텅 빈 충만〉」

좋은 관계는 상대의 기쁨을 비교로 흐리기보다 함께 축하하고, 힘든 순간엔 조언부터 하기보다 곁에 머무는 태도에서 자랍니다.

그렇게 서로가 함께 기뻐하고 함께 버텨줄수록 관계는 거래가 아닌 신뢰로 단단해집니다.

우리의 고민들...
친구의 좋은 소식이 들리면 진심으로 축하하고 싶은데, 왜 한편으로는 질투가 올라올까?

복을 많이 짓는 사람이
되기로 했다

"새해 복 많이 받으세요! 복은 어느 누가 주는 것이 아니라 내가 지어서 내가 받는 것, 그렇다면 인사말을 이렇게 고쳐 해야겠네, 새해에는 복을 많이 지으십시오!"

_「눈 고장에서 〈새들이 떠나간 숲은 적막하다〉」

새해의 덕담이 현실이 되려면 결국 우리의 하루가 달라져야 하며, 관계의 좋은 기운은 운이 아니라 내가 만드는 분위기에서 시작됩니다.

상대의 말을 끝까지 듣고 약속을 가볍게 넘기지 않는 성실함, 작은 배려의 반복이 신뢰를 쌓아서 모임의 공기를 바꾸고 그 공기가 다시 나를 편하게 합니다.

우리의 고민들...

올해는 좋은 한 해를 만들고 싶은데, 무엇부터 바꿔야 할지 막막할 땐 어떻게 해야 할까?

136

우리가 만든 관계가,
우리를 만든다

"관계는 누가 만들어 주는 것이 아니라 우리들 자신에 의해 만들어진다. 그러면서 관계 또한 우리들을 만들어 간다."

_「광복절에 생각한다 〈새들이 떠나간 숲은 적막하다〉」

관계가 힘들 때 상대가 바뀌길 기다리기보다, 매일 내가 쓰는 말투가 분위기를 만든다는 점을 먼저 봐야 합니다.

그 한마디는 나를 다정하게도 까칠하게도 만들기에, 관계는 결과가 아니라 지금의 선택이 쌓이는 과정입니다.

탓하기 전에 내가 먼저 만든 공기가 무엇이었는지 떠올리고, 상대를 고치기보다 내가 반복하는 습관을 점검할 때 더 의식적으로 곁에 설 수 있습니다.

우리의 고민들...

갈등이 반복되는 관계에서, 내가 무의식적으로 되풀이하는 패턴은 무엇인가?

137
편견을 내려놓고
다시 바라본 얼굴

"우리들이 시들하게 생각하는 그저 그렇고 그런 사이라 할지라도 선입견에서 벗어나 맑고 따뜻한 '열린 눈'으로 바라본다면 시들한 관계의 뜰에 생기가 돌 것이다."

_「거꾸로 보기 〈산방한담〉」

관계가 시들하다고 느낄 때 상대를 "이미 아는 사람"으로 단정하면 새로움이 막히고, 작은 호의도 당연한 일로 지나치기 쉽습니다.

그래서 상대를 미화하기보다 오늘의 표정과 말투를 오늘의 새로움으로 보려 하면, 놓치고 있던 피로나 숨은 배려가 보이기 시작합니다.

관계를 살리는 힘은 상대를 고치는 기술보다 내 시선의 변화에서 시작됩니다.

우리의 고민들...

상대의 장점을 보려고 해도 단점만 먼저 떠오르는 건 왜일까?

스승은 준비된 사람 앞에 온다

"스승은 아무 때나 마주치는 것이 아니다. 진지하게 찾을 때 그를 만난다. 그리고 맞아들일 준비가 되어 있는 사람 앞에 스승은 나타난다."

_「거리의 스승들 〈오두막 편지〉」

좋은 관계는 운보다 내가 무엇을 배우고 싶은지 분명할 때 찾아오며, 그 마음이 생기면 조언을 듣는 방식도 달라집니다.

준비가 안 된 상태에서는 충고를 공격으로 받아들이기 쉬우니 인정받고 싶은 마음을 잠시 내려놓는 연습이 먼저입니다.

내 삶의 방향을 스스로 묻는 말이 깊어질수록 건강한 사람을 알아볼 수 있으며, 스승 같은 인연도 그렇게 준비된 마음이 생길 때 다가옵니다.

우리의 고민들...

좋은 멘토를 찾고 싶은데, 나는 뭘 배우고 싶은 것이며, 어디에서 그런 사람을 만날 수 있을까?

139
우리는 서로에게 닿아 있다

"사람은 혼자서 살 수는 없다. 서로서로 의지하여 관계를 이루며 살아간다. 그러기 때문에 저쪽의 불행이 내게 무연하지 않다. 이것이 있으므로 저것이 있고, 저것이 없으면 이것도 없다."

_「불교의 평화관 〈무소유〉」

우리는 혼자 버틴다고 느끼지만 하루는 늘 서로의 말과 기분 위에 놓여 있어 누군가의 어려움을 남의 일로 밀어낼수록 관계는 메말라 외로움이 커집니다.

서로 기대는 삶은 약함이 아니라 인간다운 모습이며, 내가 곁을 지킨 기억은 언젠가 내 위태로운 시간을 붙드는 힘이 됩니다.

함께 산다는 것은 서로의 삶을 조금씩 책임지며 관계를 더 따뜻하게 만드는 일입니다.

우리의 고민들...
내 일도 벅찬데 어떻게 남의 일까지 신경 쓰고 챙길 수 있을까?

140
대화가 내 생각의 틀을
바꾸는 순간

"사람이 만나서 이야기한다는 것은 결코 작은 일이 아니다. 만나서 이야기함으로써 문득 새로운 눈이 뜨고 막혔던 귀가 열릴 수도 있다. 말하자면 운명적인 만남도 가져올 수가 있다."

_「홀로 있고 싶네 〈물소리 바람소리〉」

대화는 서로의 말 속에서 내 생각의 굳은 틀을 발견하고 조금씩 수정하는 계기입니다.

혼자 내린 결론도 타인의 한마디에 흔들릴 수 있는데요. 그 흔들림은 불안이라기보다 감각이 다시 열리는 신호일 때가 많습니다.

한 번의 진솔한 대화가 관계를 살리고 삶의 방향까지 새로 세우기도 합니다.

우리의 고민들...

대화를 하면 풀릴 것 같은데 막상 만나면 유의미한 대화를 나누지 못하는 것은 왜일까?

PART 5

슬픔은
어떻게 치유될까?

_상실·병·죽음

#애도의 시간 #고통과 함께 #무상 #떠남을 배웅하는 마음 #살아 있는 자의 할 일

141
나를 다정하게 정리하는 법

"아름다운 마무리는 살아온 날들에 대해 찬사를 보내는 것. 타인의 상처를 치유하고 잃어버렸던 나를 찾는 것, 그리고 수많은 의존과 타성적인 관계에서 벗어나 홀로 서는 것이다."

_「마지막까지 나를 안아주는 법 〈아름다운 마무리〉」

살다 보면 끝내 잘하지 못한 일들이 마음에 남아 스스로를 몰아붙이게 됩니다. 그럴수록 버텨 온 나에게 건네는 따뜻한 한마디가 필요합니다.

내가 먼저 나를 지지해 줘야 남의 위로도 허투루 흘려보내지 않습니다.

마음에 여유가 생길 때 비로소 정리해야 할 것을 가리게 되며, 삶을 조금 더 단단하게 마무리할 힘이 자라납니다.

우리의 고민들...

나의 마지막은 어떤 모습일까? 삶의 끝에서 나에게 해줄 수 있는 말은 무엇일까?

142

기울어가는 빛 앞에서

"삶과 죽음은 낮과 밤처럼 서로 상관관계를 갖는다. 영원한 낮이 없듯이 영원한 밤도 없다. 낮이 기울면 밤이 오고 밤이 깊어지면 새 날이 가까워진다."

_「밤이 깊어질수록 새날을 믿는 마음 〈인도기행〉」

해가 기울어 그림자가 생기듯, 끝에 대한 두려움은 삶이 유한하기에 찾아오는 자연스러운 흔들림입니다.

우리는 상실을 예감할 때 비로소 곁에 있는 인연과 말 한마디에 정성을 다하게 됩니다.

끝이 있다는 사실은 오늘이라는 선물을 함부로 허비하지 않게 만드는 가장 정직한 가르침입니다.

우리의 고민들...

좋은 날이 계속되면 오히려 불안해지는데, 나는 무엇을 잃을까 봐 미리 겁내는 걸까?

143

같이 있어도 각자의 슬픔은
따로 흐른다

"사람은 본질적으로 홀로일 수밖에 없는 존재다. 이 세상에 올 때도 홀로 왔고 살 만큼 살다가 떠날 때도 홀로 간다. 가까운 사람끼리 함께 어울려 살면서도 생각은 저마다 다르다."

_「홀로 사는 즐거움 〈홀로 사는 즐거움〉」

상실 앞에서는 누구도 내 슬픔을 대신할 수 없어서, 함께 울어도 결국 각자의 속도로 극복해야 합니다.

생각의 차이는 사랑이 부족해서가 아니라 삶의 결이 달라서 생기니 이를 인정하면 되는 것입니다.

혼자 서는 순간을 받아들일수록 내 마음을 책임지는 힘이 생기고, 남의 슬픔도 함부로 재단하지 않게 됩니다.

우리의 고민들...

그런데 나는 왜 혼자인 느낌이 두려운 걸까? 왜 모든 것을 타인과 공감하려 할까?

마음의 소란을 달래는 돌봄

"몸이란 마음의 그림자와 같아서 아무리 값비싼 보약을 사시사철 먹는다 할지라도 마음이 안정되어 있지 않으면 그것은 오히려 독이 되고 만다."

_「양생법 〈물소리 바람소리〉」

아픈 몸은 통증보다 '혹시 큰일이면 어쩌지'라는 불안을 더 데려오고, 검사 결과를 기다리는 시간엔 그 걱정이 잠과 식사까지 흔듭니다.

마음이 급할수록 몸은 예민해져 작은 신호도 크게 느껴지니, 약을 찾기 전에 내 안의 소란을 먼저 가라앉히는 돌봄이 필요합니다.

마음의 바닥이 조금 고요해질 때, 몸도 다시 살아갈 리듬을 되찾기 시작합니다.

우리의 고민들...

병원 다녀온 날이면 왜 이렇게 겁이 날까? 이대로 내 건강이 무너지는 건 아닐까?

어떤 마음으로 살지 묻는 시간

"우리들이 어쩌다 건강을 잃고 앓게 되면 우리의 삶에서 무엇이 본질적인 것이고 비본질적인 것인지 스스로 알아차리게 된다."

_「다시 채소를 가꾸며 〈아름다운 마무리〉」

몸이 아프면 마음이 먼저 잃을 것을 계산하여 평범했던 하루가 귀해지고, 병상에서는 일과 문서보다 사람의 얼굴과 말 한마디가 오래 남습니다.

상실을 겪고 나면 내가 무엇에 마음을 쏟았고, 누구에게 닿았는지가 또렷해져, 앞으로 '무엇을 더 할지'보다 '어떤 마음으로 살지'가 더 중요한 질문이 됩니다.

소중한 것들에 더 마음을 쏟으며 살아갈수록 내면이 단단해집니다.

우리의 고민들...

내가 지금까지 붙잡고 온 게 정말 중요한 거였을까? 내 삶은 어디로 가고 있었던 걸까?

146
한 번뿐인 당신,
그래서 더 깊이 남는 이별

"생명 자체는 실제로 죽지 않는 것이지만, 개체로 보면 단 하나 뿐입니다. 우리가 가족과 친구의 죽음을 슬퍼하는 이유는 다시 만날 수 없는 영원한 이별이기 때문입니다."

_「생명 자체가 하나의 기적 〈2008년 4월 20일 봄 정기법회〉」

생명 그 자체의 관점에서 죽음은 끝이 아니라 형태를 바꾸는 순환일 뿐이지만, 지금 내 곁에 숨 쉬는 '이 사람'은 우주를 통틀어 단 하나 뿐입니다.

우리가 사랑하는 이의 떠남 앞에서 무너져 내리는 이유는, 다시는 이 생의 시간 속에서 만질 수 없기 때문입니다.

영원한 이별이라는 슬픔은 역설적으로 지금 이 순간 우리가 나누는 인연이 얼마나 경이로운 기적인지를 증명합니다.

우리의 고민들...
'다시 못 만난다'는 말이 실감 나면 무서운데, 어떻게 이 두려움을 극복할 수 있을까?

사라지는 것들, 마음을 놓는 연습

"현상들은 일어났다가 사라지고, 다시 일어났다가 사라집니다. 불교에서는 이것을 '무상'이라 부릅니다. 항상하지 않다는 뜻입니다. 일어나고 사라지는 것이 존재의 본성입니다."

_「마음속 금강보좌에 앉으라 〈2006년 12월 5일 겨울안거 해제〉」

슬픔이 큰 이유는 '떠남' 자체보다 계속될 줄 알았던 일상의 리듬이 끊어지기 때문입니다.

몸도 관계도 어느 날 달라지니 붙잡으려 애쓸수록 마음은 더 굳어지지만, 변화를 인정하면 고통도 지나가는 구간으로 보이기 시작합니다.

영원을 쥐려 하기보다 사라짐을 받아들이는 것이 인생의 순리입니다.

우리의 고민들...
언젠가 헤어질 걸 알면서도 왜 이렇게 관계에 집착하게 될까?

오늘이 사라져 가는 만큼,
나는 무엇을 남겼을까

"우리가 하루하루 산다는 것은 우리에게 주어진 목숨의 신비가 그만큼 닳아진다는 것입니다. 그 소모되는 생명의 신비를 어떻게 쓰는가에 따라서 인생의 가치가 달라집니다."

_「길에서 검객을 만나거든 너의 검을 보여 주고 〈2001년 12월 16일 길상사 창건 4주년 법문〉」

하루는 달력 한 칸이 아니라 내 시간을 어디에 쓰는지의 기록입니다.

죽음을 떠올리면 남은 날보다 지금까지 살아온 날들을 돌아보게 되고, 그 점검이 쓸데없는 말과 관계를 줄여 줍니다.

오늘 마음을 제대로 건네는 습관이 후회를 덜고 삶을 담담히 만듭니다.

우리의 고민들...

오늘 내가 가장 많이 쓴 것은 시간인가, 감정인가, 에너지인가?

149

해결보다 곁이 먼저
필요한 순간들

"어려움과 고통을 함께 나누어 가질 때 우리는 비로소 인간이 될 수 있다. 우리도 언젠가는 자기 차례가 오면 그 죽음 앞에 마주 서야 할 그런 존재 아닌가."

_「죽음을 기다리는 집 〈인도기행〉」

고통 앞에서 사람은 쉽게 고립되고 슬픔이 커집니다. 이때 필요한 것은 곁에 머물며 조용히 들어주고 함께 침묵해 주는 태도입니다.

누구에게나 끝이 온다는 사실을 기억하면 판단은 줄고 이해는 늘어나, 무거움을 혼자만 지지 않게 하는 관계가 더 단단해집니다.

우리의 고민들...
누군가 힘들어할 때 '어떻게 말을 꺼내야 하나'부터 막히는 건 어떻게 해결할 수 있을까?

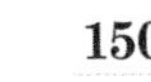

150
끝이 있기에 더 빛나는 하루

"그렇다. 우리는 날마다 죽으면서 다시 태어나야 한다. 만일 죽음이 없다면 삶 또한 무의미해질 것이다. 삶의 배후에 죽음이 받쳐 주고 있기 때문에 삶이 빛날 수 있다."

_「날마다 죽으면서 다시 태어난다 〈인도기행〉」

매일 같은 몸으로 일어나도 어제의 감정은 조금씩 옅어지니, 끝난 일과 말에 매달리기보다 하루가 끝날 때 미련을 한 겹 내려놓는 연습이 필요합니다.

끝이 있음을 기억하면 오늘을 더 아껴 사랑하게 되고 말과 선택도 신중해집니다.

작은 이별을 익힌 마음은 큰 이별 앞에서도 무너지기보다 숨을 고르며 내일을 살아갈 힘을 마련합니다.

우리의 고민들...
사라지는 게 당연하다면, 지금의 사랑과 노력도 결국 허무해지는 건 아닐까?

151

두려움 대신 오늘에 머무르기

"땅에 떨어지는 낙엽은 죽음을 두려워하지 않는다. 그냥 맞이한다. 그것들은 삶 속에 묻혀 지낼 뿐 죽음 같은 것에 신경을 쓰지 않는다."

_「낙엽은 뿌리로 돌아간다 〈맑고 향기롭게〉」

끝을 걱정할수록 우리는 오늘을 더 꽉 쥐려다 오히려 현재를 놓칩니다.

불안은 더 준비하라는 신호라기보다 지금이 비어 있다는 알림이니, 내일의 걱정을 잠시 내려두고 온전히 나의 감각에 집중해 보세요.

하루가 선명해질수록 끝은 덜 무섭게 느껴지고, 두려움이 있어도 삶을 끌고 다니지 못합니다.

우리의 고민들...

자꾸 최악을 상상하는 나는, 지금 어디에 서 있는 걸까?

152
한 끼와 한숨이 지켜낸
오늘의 이유

"살아남는다는 이 표현에 얼마나 많은 의미를 담아야 할까. 무엇 때문에 우리는 살아남아야 하는가. 물론 남기 위해서 사는 것은 아니다. 그렇게 살고 있을 뿐이다."

_「나무에 움이 튼다 〈맑고 향기롭게〉」

우리는 가끔 산다기보다 버티는 하루를 보냅니다. 그런 날은 무엇을 위해 이렇게 살아남아야 하는지 의문이 들기도 할 것입니다.

의미를 성취로만 재면 삶이 계산표가 되니, 오늘 숨을 고르고 한 끼를 챙긴 뒤 할 일을 하나 끝내보세요.

이렇게 이어가는 '지속'이 삶의 이유가 되고, 흔들릴 때 슬픔을 버티는 바탕이 됩니다.

우리의 고민들...

요즘 내가 사는 건가, 그저 버티는 건가… 이 차이는 어디서 결정되는 걸까?

153

아픈 날에도 숨이
남아 있다는 것

"산다는 것은 고통을 당하는 것이고, 살아남는다는 것은 고통을 당하는 그 속에서 의미를 찾는 일이다. 삶에 무슨 이유가 붙을 수 있겠는가. 삶 그 자체가 신성한 목적인데."

_「나무에 움이 튼다 〈맑고 향기롭게〉」

살아 있다는 건 기쁨으로만 드러나지 않고, 때로는 통증으로도 느껴집니다. 고통에 억지로 이유를 붙이며 나를 탓하기보다, 오늘을 증명해야 한다는 마음을 내려놓아 보세요.

"왜 이런 일이 생겼을까" 대신 "지금 어떻게 버틸까"를 묻는 순간, 길이 달라집니다. 조급함을 버리고 지금 할 수 있는 한 가지를 챙기는 태도가 슬픔을 견디는 힘이 됩니다.

하루하루 할 수 있는 일을 하고 버티며 살아가는 것, 그 자체로 충분히 아름다운 삶입니다.

우리의 고민들...
지금 나의 고통에는 어떤 의미가 있으며, 나를 어디로 데려다 주는 것일까?

154
오늘을 함부로 쓰지 않기로 했다

"목숨은 어떤 수단이 될 수 없다. 그 자체가 온전한 목적이다. 그것은 단 하나밖에 없는 절대 가치이다."

_ 「모기 이야기 〈서 있는 사람들〉」

우리는 목표만 좇다 몸과 마음이 멈추는 순간에야 숨 쉬고 먹고 잠드는 기본이 삶의 중심임을 깨닫습니다. 그러니 삶을 성취의 통로로만 보지 않고, 지금의 하루 자체를 귀하게 대할 필요가 있습니다.

유한함을 떠올리며 "무엇을 위해 살고 있나"를 묻는 일은 남은 시간을 함부로 쓰지 않게 해, 흔들릴 때도 다시 균형을 잡아줍니다.

우리의 고민들…
지금 내 하루에서 가장 귀하게 다뤄야 할 가치는 무엇일까?

155

일상을 살아내는 마음

"죽음은 삶과 무연한 일이 아닙니다. 우리가 산다는 것은 어떤 의미에서 연소요, 소모이므로 순간순간 죽어가는 일이기도 합니다."

_「달 같은 해, 해 같은 달 〈버리고 떠나기〉」

끝은 멀게만 느껴지지만, 우리는 하루하루 체력과 마음을 조금씩 쓰며 그에 다가가고 있습니다.

계절이 바뀌는 동안 우리는 젊음과 확신을 여러 번 놓아 보내며 작은 작별을 겪고, 이를 외면하면 슬픔이 갑자기 덮친 듯 느껴집니다.

끝을 떠올리면 미뤄둔 말과 마음을 돌아보게 되고, 오늘의 선택을 더 신중히 하게 됩니다.

우리의 고민들...

내 삶이 연소되어 사라지는 과정이라면, 나는 내 생명이 다한 뒤에 어떤 향기를 세상에 남기고 싶은가?

156
무너지지 않는 삶의 품위

"살아 있는 모든 것은 다 한 목숨이라는 우주 생명의 원리를 믿고 의지하라. 남을 해치는 일이 곧 자신을 파멸로 이끈다는 사실을 알고, 어떤 유혹에서도 넘어짐이 없이 사람의 자리를 지키라."

_「살아 있는 것은 다 한 목숨이다 〈버리고 떠나기〉」

상실을 떠올리면 마음이 날카로워지기 쉬우니, 그럴수록 우리는 서로 연결돼 있다는 사실을 잊지 말아야 합니다.

무심한 한마디와 행동이 누군가의 하루를 무너뜨리고 그 여파가 결국 내 삶의 공기로 돌아오기에, 슬픔이 시키는 대로 밀어내기보다 작은 절제 약속을 지키는 것이 품위를 세웁니다.

우리의 고민들...
내가 누군가를 미워해도 된다고 스스로 허락한 근거는 무엇일까?

끝을 생각하면,
하루가 더 따뜻해진다

"죽음은 권력도 금력도 남녀노소도 신분의 높낮음도 가리지 않는다. 생을 끝맺기 위해서가 아니라 새로운 생을 시작하기 위해 묵은 껍질을 벗어버리는 것이다."

_「한 줌의 재 〈산방한담〉」

죽음은 멀리 있는 일이 아니라 모두에게 같은 약속이어서, 그 앞에서는 지위나 재산보다 한 사람의 숨만 남습니다.

이 생각은 죽음의 슬픔을 벌이 아니라 삶을 정돈하라는 신호로 바꾸고, 체면과 과도한 경쟁에 묶인 마음을 내려놓게 합니다. 그래서 오늘의 말과 선택을 더 조심스럽고 따뜻하게 합니다.

우리의 고민들...
지금 나는 성공에 매달리고 있는가? 내가 붙잡는 게 껍데기뿐인 건 아닐까?

158

흐르는 것들 옆에서

"개울가에 앉아 무심히 귀 기울이면, 물만이 아니라 모든 것은 멈추어 있지 않고 지나간다는 사실을 새삼 깨닫게 된다. 좋은 일이건 궂은 일이건 우리가 겪는 것은 모두 한때일 뿐이다."

_「그런 길은 없다 〈오두막 편지〉」

이유를 딱 집기 힘든 날에도 감정은 붙잡을수록 더 흔들리니, 잊으려 애쓰기보다 '지나가는 중'이라 인정하는 편이 낫습니다.

두려운 생각도 시간이 지나면 모양을 바꾸니, 미래의 걱정을 앞당겨 살기보다 지금 해야 할 일을 확인하면 마음은 무너지기보다 정돈되는 쪽으로 기웁니다.

우리의 고민들...

좋은 날이 금방 지나가는데, 나는 왜 자꾸 불안만 미리 당겨 살고 있는 걸까?

159
무너짐 대신 삶을 바꾸는 법

"세상일이란 지금 당장 겪을 때는 견디기 어렵도록 고통스러워도, 지나고 나면 그때 그곳에 나름의 이유와 의미가 있었다는 것을 뒤늦게 깨닫게 된다. 이 세상일은 원인 없는 결과가 없다."

_「뒤늦게 알게 되는 이유 〈오두막 편지〉」

슬픔 한가운데서는 이유를 찾기보다 "내가 왜 그때 그러지 못했나"라는 자책이 밤마다 되풀이되기 쉽지만, 시간이 지나도 고통을 붙잡아 두면 불행은 사건 그 자체보다 후회에서 자랍니다.

서둘러 결론 내리기보다 내가 원래 살고 싶던 삶의 기준을 조용히 확인하고, 오늘 할 수 있는 작은 행동부터 해나가면 슬픔은 무너짐이 아니라 나를 다시 세우는 질문으로 바뀝니다.

우리의 고민들...

자책을 멈추면 잊는 것 같고, 붙잡고 있자니 더 아픈데 어떻게 해야 할까?

160

슬픔을 혼자 버티지
않기로 한 날들

"우리가 이 세상에 태어난 것은 더 말할 것도 없이, 의심하고 증오하고 싸우고 죽이기 위해서가 아니다. 우리는 서로 믿고 의지하고 돕고 사랑하면서 사람답게 살기 위해 찾아서 만난 이웃들이다."

_「서로의 손을 놓지 않는 이유 〈텅 빈 충만〉」

상실과 죽음이 가까워 보일수록 뉴스나 병원, 죽음과 같은 장면이 마음을 차갑게 만들고 사람을 의심하게도 하지만, 혼자 버틴다고 슬픔이 줄지는 않아 더 지치기 쉽습니다.

결국 삶은 서로의 오늘을 받쳐 주는 일이라서, 누군가의 진심이 내 불안을 덜고 내 작은 배려가 또 다른 마음을 살립니다. 빈자리를 메우는 힘은 거창한 말보다 곁을 지켜주는 마음에서 나옵니다.

우리의 고민들...

나는 꼭 필요한 때에 누구에게 어떤 방식으로 도움을 요청하고 또 받을 수 있을까?

161
내 가지는 지금 어디를
향하고 있을까

"허공에 가지를 둔 나무들을 보라. 얼마나 당당하게 자기 생명을 내뿜고 있는가. 그러나 우리들의 가지는 어디를 향하고 있는지 돌아보라. 우리가 떳떳한 인간이라고 외칠 수 있는가."

_「하늘을 향한 가지처럼 〈맑고 향기롭게〉」

상실과 죽음이 가까워지면 바쁘던 걸음을 잠시 멈추고, 내가 무엇을 위해 애썼는지와 그 과정에서 남긴 말과 태도를 돌아보게 됩니다.

흔들리는 순간 예의를 지켰는지가 선명한 기준이 되고, 남은 시간은 얼마나 바르게 살았는지로 기억되니 오늘만큼은 조금 더 떳떳한 선택을 하고 싶어집니다.

우리의 고민들…

언젠가 끝이 온다는 걸 알면서도, 나는 왜 이렇게 당장 눈앞의 것에만 매달릴까?

162

마음의 잣대가
나를 힘들게 할 때

“우리는 항상 세상이 나를 힘들게 한다고, 상황이 나를 괴롭힌다고 생각합니다. 하지만 정말로 힘들고 괴로운 것은 그 세상과 상황을 바라보는 내 마음속의 집착과 시비(是非)의 눈입니다.”

_「법정 스님 강연 中」

우리는 마음이 힘들 때 원인을 바깥에서 찾으려 하지만, 오히려 내 안의 기준과 집착이 감정을 더 키우기도 합니다.

그래서 ‘무슨 일이 있었는지’와 ‘내가 어떻게 판단했는지’를 나눠서 생각해 보면 불필요한 반응이 줄어듭니다.

바꿀 수 있는 것과 받아들일 것을 구분하고 3초만 멈춰 나를 다듬으면, 관계도 하루도 더 단단해집니다.

우리의 고민들...

나는 지금도 상황 탓을 반복하는가, 아니면 내 해석을 점검하고 있는가?

163

온전한 '나'로 살았던 날

"부분적인 자기가 아니라 전체적인 자기일 때, 순간순간 생기와 탄력과 삶의 건강함이 배어나온다. 여기 비로소 홀로 사는 즐거움이 움튼다."

_「사소한 하루의 온기 〈홀로 사는 즐거움〉」

즐거움은 기다리기보다 오늘의 작은 장면을 잘 받아들이는 데서 생깁니다.

같은 일상이라도 고마움을 자주 확인하면 덜 지치며, 일을 하는 나, 사람을 만나는 나, 혼자 있는 나를 하나로 이어갈수록 마음이 덜 흔들립니다.

그래서 혼자 있는 시간은 비움이 아니라 나를 다시 모아 안정시키는 시간입니다.

우리의 고민들...

요즘 사람들과 어울려 있을 때, 즐거운 일이 있어도 금방 시들해지는 이유는 왜일까?

164
혼자여도 외롭지 않은
이유를 알게 됐다

"홀로 있을수록 함께 있다는 말이 진실임을 터득하였다. 홀로 있다는 것은, 어디에도 물들지 않고 순진무구하며 자유롭고 홀가분하고 부분이 아니라 전체로서 당당하게 있음을 뜻한다."

_「화전민의 오두막에서 〈버리고 떠나기〉」

사람들 속에 있어도 공허한 날은 사람이 부족해서가 아니라 내 마음이 지쳐 나를 놓쳤을 때 생깁니다.

그럴 땐 일부러 혼자 있는 시간을 만들어 남들의 기대에 맞추던 긴장을 풀고 조용히 쉬어보면, 흐려진 감정과 생각이 정리되며 내 중심이 다시 잡힙니다.

내 안에 중심이 잡히면 관계도 억지로 붙들지 않게 되고, 서글픈 순간에도 나를 스스로 돌볼 힘이 조금씩 자랍니다.

우리의 고민들...
사람들 사이에 있는데도 왜 자꾸 멀어지는 느낌이 들까?

165
빈 가지에 내린 눈꽃처럼

"잎이 져버린 빈 가지에 생겨난 설화를 보고 있으면 텅 빈 충만감이 차오른다. 아무것도 지닌 것이 없는 빈 가지이기에 거기 아름다운 눈꽃이 피어난 것이다."

_「청빈의 향기 〈새들이 떠나간 숲은 적막하다〉」

떠난 자리를 보면 허전함이 먼저 떠오르지만, 빈 공간이 곧 결핍은 아닙니다.

가지가 비어야 새가 앉듯 마음도 매달린 것을 조금 내려놓아야 새 감정과 풍경이 들어옵니다.

그 빈자리는 남에게 보이기 위한 곳이 아니라 내가 숨 쉬고 삶의 방향을 다시 고르는 자리가 됩니다.

우리의 고민들...
무언가를 꽉 쥐고 있을 때의 안도감보다, 그것을 내려놓았을 때의 해방감이 나를 더 온전하게 채워주지는 않았을까?

익숙함 속에 숨다 보니 마음이 무뎌졌을 때

"삶이 하나의 흐름이라는 걸 실감한다. 그 어떤 형태의 삶이라 할지라도 틀에 갇혀 안주하다 보면 굳어진다. 굳어지면 고인 물처럼 생기를 잃는다."

_「침묵에 기대다 〈물소리 바람소리〉」

슬픔이 찾아오면 우리는 익숙한 일상과 말투, 표정 뒤로 숨습니다.

익숙함 속으로 도망치면 처음에는 안심되지만, 어느 순간 그 안정이 굳어져 마음이 무뎌지고 기쁨도 옅어집니다. 상처를 잊으려 같은 방식만 반복하면 감정이 숨 쉴 틈을 잃습니다.

작은 변화라도 시도할 때 비로소 숨이 조금 길어지고, 살아 있다는 감각이 천천히 돌아옵니다.

우리의 고민들...

나는 지금 변화가 두려워서 안전한 하루에만 기대고 있는 건 아닐까?

167
조금 느려져도 괜찮다고
말해주는 마음

"노년의 아름다움이란 모든 일을 담담히 받아들이고, 남에게 양보할 수 있는 너그러움에 있음을 잊지 말 일이다."

_「조용히 자리를 내어주는 연습 〈아름다운 마무리〉」

나이 든다는 건 더 움켜쥐는 일이 아니라 조금씩 놓아 주는 법을 배우는 일입니다.

예전만큼 빠르지 않아도 괜찮다고 인정하면 마음의 긴장이 풀리고, 한 발 물러설 때 관계에도 숨 쉴 틈이 생깁니다.

그렇게 삶의 기준이 또렷해지고, 담담한 얼굴로 하루를 받아들이는 힘이 자라납니다.

우리의 고민들…

세월이 흐를수록 내가 가진 경험과 소유를 더 놓지 않으려 애쓰고 있는 건 아닐까?

168
유행의 길을 지나,
내 속도를 찾는 날들

"세상의 유행을 따르는 사람들은 빨리 시든다. 세상의 유행을 좇
다보면 끝이 없기 때문이다. 그러나 자기 중심을 지니고 사는 사람들
은 항상 새롭다."

_「적게 가져야 더 많이 얻는다 〈산에는 꽃이 피네〉」

남들이 가는 길을 따라가면 마음이 편해집니다. 이미 다른 사람들이
닦아놓은 길이라 덜 두렵기 때문입니다.

하지만 유행을 좇다 보면 어느새 내가 무엇을 좋아하는지 흐려지기
쉽습니다.

남의 박수보다 내 기준을 자주 확인할 때 마음이 안정적으로 자리
잡고, 조용히 내게 맞는 속도를 찾을 때 주변에 덜 휘둘리는 사람이 됩
니다.

우리의 고민들...

왜 끊임없이 변하는 세상의 시선에 일희일비하며 흔들리는 걸까?

169

하나면 충분한 날들

"필요에 따라 살되 욕망에 따라 살지는 말아야 한다. 욕망과 필요의 차이를 알아야 한다. 욕망은 분수 밖의 바람이고, 필요는 생활의 기본 조건이다."

_「소유의 비좁은 골방 〈산에는 꽃이 피네〉」

필요한 것을 준비하는 일은 오늘을 버티게 하지만, 끝없는 욕심은 내일을 더 불안하게 만듭니다. 처음엔 만족스러웠던 선택도 점점 부족함을 크게 느끼게 합니다.

가진 것이 늘수록 잃을까 걱정이 커지니, 지금의 내가 감당할 수 있는 만큼만 바라볼 필요가 있습니다.

남과 비교해 세운 기준이 아니라 내 삶에 진짜 필요한 몫이 무엇인지 살펴볼 때, 흔들리지 않는 마음이 자리 잡기 시작합니다.

우리의 고민들...
하나를 더 쥐려다 오히려 중요한 걸 놓친 느낌인데, 나는 무엇을 잃고 있는 걸까?

170

때가 되면, 우리는
다시 이어져 있음을

"낮 동안은 바다 위의 섬처럼 저마다 따로따로 떨어져 있던 우리가 귀소의 시각에는 같은 대지에 뿌리박힌 지체(肢體)임을 비로소 알아차린다."

_ 「가을은 〈무소유〉」

낮에는 각자 일정과 역할에 밀려 흩어져 살지만, 저녁이 되면 우리를 버티게 한 것들이 드러납니다. 무심히 켜둔 불빛 하나, "잘 들어갔어?" 하는 짧은 안부가 하루를 붙잡아 줍니다.

사람은 보이지 않는 끈으로 서로 이어져 그 위에서 균형을 잡고 있습니다.

그래서 돌아오는 황혼의 시간에 드는 관계에 대한 사유는 집착이 아니라, 하루의 공허를 덜어내는 가장 단순한 방법입니다.

우리의 고민들...
하루가 끝날수록 더 허전해지는 날에는, 어디로 돌아가야 마음이 놓일까?

잠시 머뭇거리는 찰나의 인간미

"감상과 감성은 발음은 비슷하지만 뜻은 다르다. 인간의 인식능력
인 감성이 마비된다면 그때 우리는 온전한 인간일 수가 없다."

_「너는 네 세상 어디에 있는가 〈오두막 편지〉」

감성은 그저 분위기에 취해 흔들리는 감상이 아닙니다. 그것은 타인
의 고단함을 내 일처럼 짐작해 보고, 무심히 스치는 풍경 앞에서도 한
번쯤 멈춰 설 줄 아는 예민한 감각입니다.

누군가에게 상처가 되는 표현 앞에서, 누군가를 소외시킬 수밖에 없
는 선택 앞에서 잠시 머뭇거리는 그 감각이 우리를 비로소 사람답게 보
이도록 해줍니다. 제대로 감성을 느낄 줄 아는 이가 인간미 있는 사람입
니다.

우리의 고민들...
인간으로서 갖추어야 할 공감과 인식의 안테나인 '감성'이 무뎌져 있는 건 아닐까?

172

흔들린 시간까지 품어야
비로소 봄이 온다

"이 봄날에 어떤 꽃을 피우고 있는지 한번 되돌아볼 수 있어야 한다. 각자 험난한 세월을 살아오며 가꾸어 온 씨앗을 이 봄날에 활짝 펼치길 바란다."

_「봄에 다시 피는 마음 〈2009년 4월 길상사에서 가진 마지막 법회〉」

계절이 바뀌면 마음도 자연스럽게 지난 시간을 돌아보게 됩니다. 요즘 내 하루에서 조금이라도 자라고 있는 것이 무엇인지, 스스로에게 조용히 묻게 됩니다.

버티느라 바빴던 날들은 씨앗이었고, 흔들리던 날들은 그 씨앗을 감싸 준 흙이었습니다.

어제를 책망하기보다 내가 지켜낸 것과 놓친 것을 함께 바라볼 때, 스스로에게 기꺼이 쉼을 허락하는 사람이 됩니다.

우리의 고민들...
나는 지금 남들이 보기에 좋은 화려한 꽃만 피우려고 애쓰고 있는 건 아닐까?

173

흐르다 쉬어가며,
다시 나아간다

"흐름만 따르는 것도 범속하지만, 때로는 흐름을 따라가면 가볍게
극복할 수도 있습니다."

_「때로는 높은 봉우리 위에, 때로는 깊은 바다 밑에 〈2003년 2월 16일 겨울안거 해제〉」

매 순간 이를 악물고 버티는 것만이 성실함은 아닙니다. 잠시 힘을
빼고 일이 흘러가게 두는 편이 나을 수도 있습니다.

내 힘으로 바꿀 수 없는 일 앞에서 나를 몰아세우면 상처만 깊어집
니다.

그러나 한 발 물러나 흐름을 따라가다 보면 마음의 무게가 조금은
가벼워지고, 비록 상황은 그대로여도 내가 견디는 방식은 달라집니다.

우리의 고민들...

버티다가 지친 나를 보면 더 초라해지는데, 이대로 둬도 되는 걸까?

감정은 지나가는 소식일 뿐

"때때로 자신의 삶을 바라보십시오. 자신이 겪고 있는 행복이나 불행을 남의 일처럼 객관적으로 받아들일 수 있어야 합니다. 자신의 삶을 순간순간 맑은 정신으로 지켜보아야 합니다."

_「추울 때는 추위가 되고 더울 때는 더위가 되라 〈2008년 11월 12일 겨울안거 결제〉」

살다 보면 감정이 나의 전부인 것처럼 커져서 숨이 막힐 때가 있습니다. 그럴수록 한 발 물러나 지금의 나를 바라보려는 마음이 필요합니다.

기쁨도 불편함도 결국 '나'에게 스쳐 가는 여러 소식 가운데 하나일 뿐입니다. 남의 일 보듯 보라는 말은 과열된 마음을 조금 식혀서 상황을 있는 그대로 보려는 태도입니다.

이렇게 나를 지켜볼 수 있을 때 감정은 여전히 요동치지만, 무너지지는 않습니다.

우리의 고민들...

나는 감정의 소용돌이에서 한 걸음 떨어져 지켜보는 관찰자로 머물 수 있을까?

어제와 다른 숨으로 하루를

"똑같은 되풀이, 그것은 지겹습니다. 언제나 새롭게 시작해야 합니다. 오늘은 어제의 연장이 아닙니다. 새날입니다."

_「하루 낮 하루 밤에 만 번 죽고 만 번 산다 〈2008년 5월 12일 부처님 오신 날〉」

우리는 흔히 오늘을 어제의 부속물처럼 여기며 관성대로 살아갑니다. 삶이 지루하게 느껴지는 이유는 세상이 변하지 않아서가 아니라, 마음이 어제의 기억과 습관에 갇혀 있기 때문입니다.

내일의 일을 장담할 수 없는 것이 인생의 본질이라면, 우리가 할 수 있는 유일한 선택은 오늘을 가장 정성스럽게 맞이하는 일뿐입니다.

우리의 고민들…

만약 내일이 보장되지 않는다면, 나는 오늘 무엇을 가장 정성스럽게 매만지고 싶을까?

PART 6

자연은
왜 스승일까?

_숲·바람·침묵

#자연의 언어 #느리게 걷기 #계절의 순환 #소리와 침묵 #빈 집의 아름다움

해가 기울 때, 마음의 방향도
조용히 바뀐다

"내 경험에 따르면, 해는 지는 해가 좋고 달은 떠오르는 달이 좋다. 지는 해와 떠오르는 달은 저마다 그 나름의 우주의 신비를 머금고 있다. 그러나 떠오르는 해는 너무 눈부시고 지는 달은 여운이 없다."

_「길고 긴 마드라스행 28시간 〈인도기행〉」

하루의 절정은 정오가 아니라 해가 기울고 달이 떠오르는 사이에 올 때가 많습니다.

저녁빛을 볼 때는 지나온 시간에 대한 아쉬움과 고마움이 함께 떠오르고, 막 떠오르는 달을 보면 내일을 다시 살아 보고 싶은 마음이 생깁니다.

하늘의 색이 바뀌는 시간을 바라볼 줄 알면 소리 없이 바뀌며 흘러가는 내 삶의 방향을 조용히 가다듬을 수 있습니다.

우리의 고민들...
정점에 서야만 가치 있는 인생이라고 믿으면서, 정작 저물어 가는 시간들 속에서 배워야 할 것들은 너무 가볍게 흘려 보내고 있는 것이 아닐까?

177
무엇을 가까이하느냐가
결국 나를 만든다

"어떤 사물을 가까이하면 그 사물을 닮게 됩니다. 꽃을 가까이하면 자신도 모르는 사이에 꽃 같은 삶이 됩니다. 이것이 우주의 조화입니다."

_「봄날의 행복론1 〈2006년 4월 16일 봄 정기법회〉」

우리는 누구와, 무엇의 곁에 오래 머무느냐에 따라 얼굴과 말투, 생각까지 닮아 갑니다. 늘 서두르는 것들 속에 살면 마음도 날카로워지고 세상까지 재촉하게 됩니다.

반대로 꽃과 나무, 하늘빛을 자주 바라보면 말수가 줄고 표정도 한결 부드러워집니다. 자연 가까이 간다는 것은 특별한 체험이 아니라 내 곁에 둘 풍경을 고르는 일입니다.

창가의 화분 하나, 창밖 나무 한 그루, 퇴근길 노을 한 줄기가 쌓여 오늘의 나를 만듭니다.

우리의 고민들...
나는 요즘 어떤 것을 가장 오래 곁에 두고 있으며, 그 영향이 내 말과 표정에 어떻게 남아 있는가?

178

봄보다 내가 먼저
피어나기로 했다

"봄이 와서 꽃이 피는 것이 아니라 꽃이 피어나기 때문에 봄을 이루는 것입니다. 흔히 우리들은 봄이 오면 꽃이 핀다고 생각하기 쉽지만, 꽃이 피어나기 때문에 봄이 오게 됩니다."

_「자신과 진리에 의지해 꽃을 피우라 〈2009년 4월 19일 봄 정기법회〉」

우리는 흔히 상황이 좋아지면, 계절이 바뀌면 나도 달라질 것이라고 생각합니다.

하지만 들판의 봄은 계절이 먼저 바뀌어서가 아니라, 얼어 있던 땅을 밀고 나온 작은 싹에서 시작됩니다. 삶도 마찬가지여서, 거대한 변화가 오기만을 기다리기보다 지금 내 자리에서 용기 내 한 걸음 내딛는 순간 주변의 공기와 시간이 달라집니다.

숲의 작은 꽃들이 자기 색을 드러내며 풍경을 바꾸듯, 오늘 고유한 마음을 조금 내어 보려는 시도가 모여 어느 날 나와 세상 사이에 새로운 봄을 데려옵니다.

우리의 고민들...

언제쯤 내 삶에도 봄이 올까 기다리면서, 정작 내가 먼저 시작해야 할 작은 변화를 미루고 있는 것은 아닐까?

179
산 위의 침묵, 내 삶을 돌아본다

"정상에서의 침묵은 가장 느긋하고 거룩한 휴식임을 알아야 한다. 갖은 고생과 시련을 이겨내면서 이 풍진 세상을 살아온 사람이 자신의 저녁노을 앞에서 할 말이 또 어디 있겠는가."

_「인간과 자연4 〈텅 빈 충만〉」

사람은 늘 더 오르라는 재촉에 쫓기지만, 산꼭대기에 서면 먼저 숨을 고르라는 말을 듣는 듯합니다.

박수 대신 하늘빛과 바람이 맞아 주고, 그 사이에서 여기까지 버텨 온 시간이 천천히 실감 납니다. 잘난 선택과 못난 선택을 가르는 일도 줄어들고, 그냥 이 길을 걸어온 한 사람으로서의 나만 남습니다.

저마다 저녁을 향해 가고 있음을 받아들일 때, 얼마나 높이 오를지가 아니라 남은 시간을 어떻게 쓰고 싶은지가 조용히 드러납니다.

우리의 고민들...
이제 좀 쉬어도 되는 순간이 온 걸까, 아니면 아직 더 올라가야 하는 걸까?

180
계산을 멈추자 풍경이
다시 들어왔다

"우리들의 마음이 어떤 소유욕에 얽매어 있으면 마음의 창인 그
눈도 함께 멀어 봄밤의 청취도 저녁놀의 아름다움도 느낄 수 없다."

_「차지하는 것과 바라보는 것 〈산방한담〉」

자연을 바라보면서도 머릿속에선 가격과 통장 잔액을 먼저 셈할 때
가 있습니다.

이렇게 남들과 나를 견주는 순간, 새소리와 하늘빛은 잘 들어오지
않습니다. 더 가져야 안심된다고 믿을수록 지금 스며드는 바람과 햇살의
느낌은 옅어집니다.

결국 우리를 쉬게 하는 것은 소유의 크기가 아니라, 잠시 계산을 멈
추고 눈앞의 풍경을 온전히 느끼는 여유입니다.

우리의 고민들...

열심히 벌고 모으는 이 삶의 속도가, 내가 세상을 느끼는 감각을 갉아먹고 있는 건 아닐까?

모든 것은 제때를 알고 피어난다

"생각할수록 신기하고 신비롭기만 하다. 살아 있는 생명의 신비는 그대로가 우주의 조화다. 이 우주의 조화에는 가난도 부도 상관이 없다. 모든 것이 그 때를 알아, 있을 자리에 있을 뿐이다."

_「어느 오두막에서 〈오두막 편지〉」

숲길을 걷다 보면 이름도 모르는 풀 한 포기까지 때가 되면 고개를 드는 것을 발견합니다. 사람 또한 누구는 넉넉하고 누구는 빠듯하게 살아도, 숨 쉬고 있다는 것만으로 이미 우주의 큰 질서 안에 있는 셈입니다.

인생에도 앞당길 수 없는 때와 미룰 수 없는 순간이 있어, 지금의 자리도 지나야만 다음으로 갈 수 있는 과정이 됩니다.

발밑의 풀잎도 제 몫의 자리가 있다는 걸 떠올리면, 지금의 나 역시 있어야 할 자리 위에 서 있다는 마음이 조금씩 생겨납니다.

우리의 고민들…

남들보다 늦고 부족해 보이는 이 자리도 언젠가 의미 있게 느껴지는 날이 올까?

182

조용히 피고 지는 것들에게 배움

"꽃은 무심히 피고 소리없이 진다. 이웃을 시새우거나 괴롭히지 않는다. 그러나 사람들은 이런 꽃에 비하면 그 삶의 모습이 너무 시끄럽고 거칠고 영악스럽다."

_「어느 오두막에서 〈오두막 편지〉」

도시는 경쟁의 소리로 가득하지만 길가의 작은 꽃들은 말없이 제 계절을 살아갑니다.

앞서가려 할수록 옆 사람은 동료보다 상대처럼 보입니다. 그 사이에서 들꽃은 남을 밀어내지 않고도 자기 빛과 자리를 지킬 수 있음을 보여 줍니다. 화려한 정원보다, 알아주는 이 없어도 묵묵히 피고 지는 생명들을 떠올리면 나도 목소리를 낮추고 덜 다투며 살고 싶어집니다.

언젠가 나를 돌아볼 때, 과연 함께 있는 이들을 거스르지 않으며 피어났는지 스스로 묻게 될 것입니다.

풍경은 마음의 그림자

"자연이든 사람이든 세상이든 다 마음에서 시작된 것이다. 마음이 진정한 인간의 마음으로서 맑고 투명하다면 그 그림자인 세상도 맑고 투명해진다."

_「홀로 있는 시간 〈산에는 꽃이 피네〉」

맑은 아침 공기를 마실 때와 지친 밤거리를 걸을 때, 같은 풍경도 전혀 다르게 보입니다. 창밖 하늘은 그대로인데 마음이 뒤엉킨 날에는 그마저도 답답한 배경처럼 느껴집니다.

결국 세상을 먼저 바꾸는 것은 사건이 아니라 그것을 받아들이는 내 마음의 상태입니다.

자연은 늘 그 자리에 있지만, 어떤 얼굴로 세상을 볼지는 오늘 내가 어떤 마음을 선택하느냐에 달려 있습니다.

우리의 고민들...

오늘 내가 세상을 조금 더 부드럽게 보기 위해 실천할 수 있는 한 가지는 무엇인가?

184

잃어버린 것들을
돌아보는 시간

"우리가 너무 편리한 문명의 이기에만 의존하다 보니까 무한한 잠재력과 가능성이 자꾸만 소멸되어 간다. 그리하여 문명의 노예처럼, 조금만 문명의 장치가 고장나도 옴짝 못할 정도가 되었다."

_ 「홀로 있는 시간 〈산에는 꽃이 피네〉」

전기가 나가고 인터넷이 끊기면 금세 아무것도 못 하는 사람처럼 불안해집니다. 하지만 산길을 걸어 보면, 특별한 장비가 없어도 몸과 감각만으로 길을 찾게 됩니다.

도시에서 꼭 필요해 보이던 것들도 숲속에서는 금방 중요하지 않은 배경이 되고, 대신 숨소리와 발밑의 흙, 바람과 햇빛이 또렷이 느껴집니다.

그래서 문명의 속도를 조금 늦추고 밖으로 걸어 나가는 일은, 내가 스스로 살아갈 힘과 감각을 아직 지니고 있음을 확인하는 시간이 됩니다.

우리의 고민들...
도시에 길들여진 이 몸과 마음을, 산과 바다 앞에서 치유해 보는 건 어떨까?

185
흐르는 것들 곁에 서면

"움직이는 것이 어디 바람뿐이겠는가. 살아 있는 모든 것은 그 나름으로 움직이고 흐른다. 강물이 흐르고 바다가 출렁이는 것도 살아 있기 때문이다."

_「바람 부는 세상에서 〈오두막 편지〉」

도시에 갇혀 지내다 보면 가만히 앉아 있는 시간이 평화롭게 느껴지지만, 강과 바다는 쉬지 않고 흘러 생기를 보여 줍니다.

우리 마음도 생각과 감정이 조금씩 움직일 때 숨이 트입니다. 편리한 문명은 자리에만 있어도 된다고 말하지만, 자연은 직접 걸어 나와 바람을 맞으라고 부릅니다.

가끔 자연을 방문하는 일은 풍경을 보러 가는 것만이 아니라, 멈춰 있던 내 삶의 물줄기를 다시 흐르게 하는 작은 선택이 됩니다.

우리의 고민들...
하루종일 제자리에만 붙어 있는 이 생활이, 내 마음까지 굳어버리게 만든 건 아닐까?

186

내가 사는 공간은 내 마음의 속도를 닮아간다

"우리들의 생활환경은 본래부터 그렇게 되어 있는 것이 아니라 그 안에 사는 사람의 마음이 그대로 드러난 것이다."

_「자신에게 알맞은 땅을 〈아름다운 마무리〉」

창가의 화분과 책더미, 빽빽한 아파트 풍경은 그 집의 사람이 무엇을 중시하며 어떤 속도로 살고 있는지 드러냅니다.

좁은 방이라도 창을 열어 빛과 바람을 들이면 마음이 한결 가벼워지듯, 환경을 바꾼다는 건 새 가구를 들이는 일보다 이 공간을 대하는 태도를 조정하는 일에 가깝습니다.

창밖의 나무 한 그루를 바라보는 여유 속에서 하루를 시작할 때, 삶의 분위기는 조금씩 달라집니다.

우리의 고민들...

이사를 가고, 환경을 바꾸면 내 삶도 새로워질 거라 기대했는데, 정작 달라진 게 아무것도 없는 건 왜일까?

187
대지가 앓는 날들에

"대지에 상처를 입히는 것이 곧 자기에게 상처 입히는 일임을 전혀 모르고 있다. 모체가 앓고 있는데, 그 지체가 어찌 성하겠나."

_「문명은 서서히 퍼지는 독 〈2003년 10월 대구 초청 강연〉」

도시에 살면 하루 종일 땅을 거의 밟지 않아, 우리가 무엇 위에 딛고 사는지 잊기 쉽습니다.

하지만 숨 쉬는 공기와 마시는 물, 먹는 곡식은 모두 같은 흙에서 옵니다. 강과 숲이 병들면 결국 우리 몸과 마음도 함께 약해집니다.

우리가 서 있는 이 땅을 한 몸처럼 느끼기 시작할 때, 무엇을 쓰고 버릴지, 어떤 속도로 살지에 대한 선택도 자연스레 달라질 것입니다.

우리의 고민들...
지구가 아프다는 말에 공감하면서도, 정작 내 생활 패턴을 바꾸려 하면 너무 불편해 보여 쉽게 포기하는 마음가짐은 어떻게 고칠 수 있을까?

188
누구를 닮지 않아도

"꽃을 보십시오. 누구를 닮지도 않았고, 남이 지니고 있지 않은 보물을 저마다 지니고 있습니다. 그것을 드러내라는 것입니다. 그것이 아름다움입니다."

_「봄날의 행복론1 〈2006년 4월 16일 봄 정기법회〉」

같은 화분에서도 꽃은 모양과 색이 제각각입니다. 자연은 서로를 모방하지 않고 자기 자리에서 자기 모습을 드러냅니다.

그러나 사람 사이에서는 비교와 기준이 앞서, 나만의 것을 살리기보다 남과 비슷해지려 할 때가 많습니다.

특별해지려 애쓰기보다, 이미 내 안에 있는 색을 믿고 조금씩 내보는 것, 그게 나답게 사는 시작입니다.

우리의 고민들...

남들처럼 살아야 안전할 것 같아, 내가 정말 좋아하는 것들을 자꾸 취미로 밀어두고 있는 건 아닐까?

189
한 송이 꽃 뒤에 숨어 있던 날들

"꽃은 우연히 피지 않습니다. 계절의 변화에 따라서 꽃이 피고 지는 것 같지만, 한 송이 꽃이 피기까지의 그 배후에는 인고의 세월이 받쳐 주고 있습니다."

_「자신과 진리에 의지해 꽃을 피우라 〈2009년 4월 19일 봄 정기법회〉」

우리는 꽃이 활짝 핀 모습만 기억하고, 꽃이 피기까지 견뎌 온 긴 추위와 어둠은 잘 떠올리지 못합니다. 하지만 땅속에서 뿌리가 버티고 자라던 시간이 있었기에, 어느 날 갑자기 색과 향이 드러나는 것처럼 보입니다.

숲과 들판을 바라보고 있으면, 작은 봉오리 하나도 서두르지 않고 제때를 기다린다는 사실이 마음을 차분하게 만듭니다.

나 또한 보이지 않는 자리에서 스스로를 지키고 있다는 믿음이 오늘의 고단함에 의미를 더해 줍니다.

우리의 고민들...

지금 이 답답한 시간들이 정말 쓸모 있는 준비 기간인 걸까, 아니면 그저 뒤처지고 있다는 신호일까?

190
보이지 않는 뿌리가 계절을 앞당긴다

"준비된 나무와 풀만이 때를 만나 꽃과 잎을 열어 보입니다. 준비가 없으면 계절을 만나도 변신이 일어나지 않습니다. 준비된 사람만이 계절을 만나서, 시절인연을 만나서 변신을 이룰 수가 있습니다."

_「자신과 진리에 의지해 꽃을 피우라 〈2009년 4월 19일 봄 정기법회〉」

숲을 걷다 보면 같은 햇빛 아래서도 어떤 나무는 잎을 활짝 펼치고, 어떤 가지는 아직 마른 채 머뭇거립니다. 겉으론 똑같이 봄을 맞은 것 같지만, 보이지 않는 뿌리가 얼마나 버텼는지에 따라 속도와 모습이 달라집니다.

당장 눈에 띄는 변화가 없어도 오늘의 공부와 성찰, 성실한 일상이 쌓이면 어느 날 전혀 다른 계절을 맞이할 힘이 됩니다.

우리의 고민들...

매일 비슷한 일만 반복하는 이 시간이, 정말 미래의 언젠가를 위한 밑거름이 될 수 있을까?

발 밑의 흙을 다시 느끼는 시간

"마소들이 여기저기서 한가롭게 풀을 뜯는 인도의 목가적인 농촌 풍경을 바라보고 있으면, 인간과 대지의 관계를 생각하지 않을 수 없다."

_「출가 수행승은 장례에 상관 마라 〈인도기행〉」

우리는 바닥이 느껴지지 않는 건물 안에서 하루를 보내며 발밑의 흙을 잊고 지냅니다. 그러다 논밭이나 들판을 마주하면 삶의 시작이 흙과 물, 햇빛에서 비롯된다는 단순한 사실이 떠오릅니다.

건물 안에서만 살수록 몸은 땅에서 멀어지고 마음도 허공에 떠 있는 듯 불안해집니다.

그래서 굳이 도시를 떠나지 않더라도 흙냄새를 맡고 바람을 느끼는 짧은 시간만으로 '나는 무엇을 먹고 어디에 서 있는가'를 다시 묻게 됩니다.

우리의 고민들...

하루 종일 콘크리트 위만 걸어 다니는 이 도시 생활이 정말 나 자신을 위한 삶이 맞을까?

192

한 줌 흙으로 돌아가는 길 위에서

"우리들의 육신 자체가 지수화풍으로 이루어져 있음을 생각할 때, 우리가 살 만큼 살다가 인연이 다해 지상에서 사라지면, 우리들 육신의 잔해 또한 한 줌 흙으로 되돌아간다."

_「출가 수행승은 장례에 상관 마라 〈인도기행〉」

빌딩 숲 속에 살아도 우리 몸은 흙과 물, 바람으로 이루어진 존재입니다. 숨을 쉴 때마다 이 땅의 공기를 빌려 쓰고, 밥 한 그릇마다 대지의 힘을 나눠 받습니다.

언젠가 다시 흙으로 돌아갈 몸이라는 사실을 떠올리면, 지금의 경쟁과 걱정도 조금은 작게 보입니다. 그래서 무엇을 더 가질지보다, 어떤 마음과 흔적을 남기고 떠날지를 묻게 됩니다.

우리의 고민들...

지금 내가 겪고 있는 도시 생활의 피로와 갈등은 한낱 지나가는 바람에 불과한 것은 아닐까?

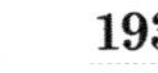

193
추위를 견디는 동안
마음이 배우는 것들

"지금 어디선가 봄은 움트고 있으리라. 긴 겨울잠에서 깨어나 하품을 하면서 기지개라도 켤 것이다. 지난 겨울의 비애를 딛고 새봄을 마련하는 나뭇가지를 매만져줄 것이다."

_「또 봄이 오는가 〈영혼의 모음〉」

창밖은 아직 겨울 같아도 흙 속에서는 다음 계절이 조용히 준비되고 있습니다. 우리 삶의 겨울도 겉으로 보이지 않을 뿐, 안에서는 상처를 버티며 다시 일어날 힘이 모이고 있습니다.

눈물과 실패도 봄을 막지 못하듯, 힘들 때는 끝을 막연히 기다리기보다 새싹이 어디에서 돋는지 살펴보는 시간일지 모릅니다.

언젠가 올 변화를 믿을 수 있을 때, 지금의 추위도 조금 다른 마음으로 견딜 수 있을 것입니다.

우리의 고민들...
이렇게 버티고만 있는 요즘의 시간들도 언젠가 새로운 나를 위한 준비였다고 말할 수 있을까?

194

침묵을 밟으며
나를 찾아가는 길

"걷는다는 것은 침묵을 횡단하는 것이다. 걷는 사람은 시끄러운 소리에서 벗어나기 위해 세상 밖으로 외출하는 것이다. '나는 어디서 왔는가? 나는 어디로 가는가? 그리고 나는 누구인가?'"

_「걷기 예찬 〈홀로 사는 즐거움〉」

길을 천천히 걸으면 목적지보다 내 상태가 먼저 보입니다. 나무와 하늘을 곁에 두고 걷다 보면 왜 이렇게 바쁘게 사는지, 앞으로 어디로 방향을 틀고 싶은지 자연스레 떠오릅니다.

휴대폰을 잠시 내려놓고 흙냄새와 바람에 집중하면, 그동안 미뤄 둔 관계와 상처, 살고 싶은 삶에 관한 질문이 또렷해집니다.

그래서 걷기는 세상에서 잠시 비켜서서 잊고 지낸 나에게 되돌아오는 가장 단순한 방법이 됩니다.

우리의 고민들...
내 마음이 가장 가벼워지는 산책의 조건은 무엇일까?

195
폭풍 같은 날들도 지나가게
두는 연습

"숲에는 질서와 휴식이, 그리고 고요와 평화가 있다. 숲은 모든 것을 받아들인다. 안개와 구름, 달빛과 햇살을 받아들이고, 새와 짐승들에게는 깃들일 보금자리를 베풀어 준다. 숲은 거부하지 않는다."

_「숲에서 배운다 〈서 있는 사람들〉」

숲길을 걷다 보면 서로 다른 나무와 풀, 새와 벌레가 햇빛과 그늘을 나눠 가지며 어울려 서 있는 모습이 보입니다. 상처 난 나무와 곧게 큰 나무가 함께 있어도 숲은 누구도 밀어내지 않고 자리를 내줍니다. 비와 안개도 조용히 통과시킬 뿐입니다.

우리 안에도 이런 숲이 하나 필요합니다. 그곳에서 실패는 감춰야 할 흠이 아니라, 언젠가 더 단단해지기 위한 한때의 폭풍이 될 것입니다.

우리의 고민들...

쉬어야 하는데 나를 너무 몰아붙이고만 있는 건 아닐까?

196

말보다 먼저 마음이 닿는 순간

"말은 설명하고 해설하고, 또 주석을 달아야 하는 번거로움과 시끄러움이 따르지만, 눈은 그럴 필요가 없다. 마주보면 이내 알아차릴 수 있고, 마음속까지도 훤히 들여다볼 수 있다."

_ 「침묵의 눈 〈서 있는 사람들〉」

산과 나무, 강과 하늘을 바라보고 있으면 소리는 없는 데도 마음이 묵묵히 정리될 때가 있습니다. 가까운 사이도 말을 덧붙일수록 어긋나지만, 그냥 함께 바라보면 전해지는 것이 있지요.

이렇게 말 대신 눈길로 서로의 마음을 건네는 시간을 목격전수(目擊傳授)라 부릅니다. 이 목격전수의 태도는 말을 줄이고 눈을 맞추게 하며, 그 속에서 관계는 조용히 깊어집니다.

우리의 고민들...

말을 많이 나누는데도 이상하게 더 외롭고 오해만 깊어지는 이 관계들은 어디서부터 다시 바라봐야 할까?

197

어둠이 있어서 빛이 더 선명한 날

"낮은 밤이 받쳐주기 때문에 밝고, 밤은 낮이 비워주기 때문에 그 자리에 어둠을 이룬다."

_ 「낙엽은 뿌리로 돌아간다 〈버리고 떠나기〉」

하루를 찬찬히 보면 환한 시간과 어두운 시간은 싸우는 것이 아니라 번갈아 서로를 받쳐 줍니다. 낮에 분주히 버틸 수 있는 것도 밤에 쉬는 시간이 있기 때문입니다.

마음도 마찬가지라서 기쁨과 슬픔이 오가며 우리를 조금씩 깊게 만듭니다. 그럼에도 우리는 밝은 순간만 붙잡으려다 더 지쳐 가곤 합니다.

내 안의 낮과 밤을 함께 인정할 때, 타인의 그늘도 지나가는 한때의 어둠으로 바라볼 수 있습니다.

우리의 고민들...
좋은 일만 있어야 행복한 삶이라고 믿어서일까, 힘든 시간만 오면 왜 이렇게 실패자처럼 느껴지고 받아들이기 어려울까?

벽돌 너머에서 시작된 생각들

"인류 역사상 위대한 사상이나 종교는 벽돌과 시멘트로 쌓아 올린 교실에서가 아니라, 때 묻지 않은 대자연 속에서 움트고 자랐다는 사실을 우리는 기억할 필요가 있다."

_「인간과 자연3 〈텅 빈 충만〉」

지구를 바꾼 많은 생각은 칠판 앞이 아니라, 별이 쏟아지는 밤과 끝이 보이지 않는 들판에서 자라났습니다.

교실은 지식을 정리해 주지만, 열린 하늘 아래 서 있으면 내가 어디에서 와서 어디로 가는지 삶 전체를 묻게 됩니다.

책과 화면으로만 배우면 머릿속은 바쁜데 마음은 텅 빈 듯 느껴질 때가 있습니다. 그러나 산길을 걷거나 강가에 서 있는 순간, 바람과 냄새와 감각이 나의 경험들과 섞이며 생각의 방향을 조금씩 바꿔 줍니다.

우리의 고민들...

책과 강의로는 배운 것이 많은 것 같은데, 정작 내 삶의 방향은 왜 이렇게 막연하기만 한 걸까?

자연의 화음이 사라질 때

"새가 깃들지 않는 숲을 생각해 보라. 그건 이미 살아 있는 숲일 수 없다. 마찬가지로 자연의 생기와 그 화음을 대할 수 없을 때, 인간의 삶 또한 크게 병든 거나 다름이 없다."

_「새들이 떠나간 숲은 적막하다 〈새들이 떠나간 숲은 적막하다〉」

아침 창을 열었을 때 새소리가 들리지 않는다면, 내 일상이 메말랐다는 뜻일지 모릅니다.

강물의 흐름과 나뭇잎의 떨림, 새가 날아오르는 모습을 볼수록 굳어 있던 생각이 풀리고 세상을 향한 감각이 다시 넓어집니다.

그래서 우리에게 필요한 쉼은 숲과 하늘, 새소리 같은 생명의 리듬에 몸을 다시 맞춰 보는 순간일지 모릅니다.

우리의 고민들...
괜히 우울하고 공허한 날이 늘어가는 이유가, 단순히 인간관계의 문제뿐만일까?

200

한 잔을 천천히 누리며
산과 바람을 떠올리다

“차를 건성으로 마시지 말라. 차밭에서 한 잎 한 잎 따서 정성을 다해 만든 그 공을 생각하며 마셔야 한다. 그래야 한 잔의 차를 통해 우리 산천이 지닌 그 맛과 향기와 빛깔도 함께 음미할 수 있을 것이다.”

_「화개동에서 햇차를 맛보다 〈오두막 편지〉」

우리가 마시는 차 한 잔 뒤에는 비와 햇볕, 흙과 바람, 그리고 많은 이의 손길이 겹겹이 쌓여 있습니다. 그 시간을 떠올리며 천천히 마시면, 단순한 갈증 해소가 아니라 산과 들, 사람에게 건네는 인사가 됩니다.

뭐든 빨리 먹고 잊어버리기 쉬운 도시의 하루 속에서도, 차를 마시는 순간만큼은 시간을 늦출 수 있는 작은 여백이 열립니다.

찻잔의 맑은 빛을 바라보다 보면 내 마음도 함께 비쳐, 무엇에 지쳐 있고 무엇에 고마운지 다시 묻게 됩니다.

우리의 고민들…

아이스 아메리카노를 허겁지겁 들이키며 버티는 하루 속에서, 나는 지금 무엇을 내 몸과 마음에 쌓아 올리고 있는 걸까?

201

차가운 바람이 나를 다시 깨우는 날들

"나는 기질적으로 미적지근한 날씨보다는 살갗이 얼얼한 쌀쌀한 날씨가 좋다. 내 삶에 긴장감이 돌기 때문이다. 팽팽하게 긴장감이 돌아야 산중에서 사는 맛이 난다."

_「겨울 채비를 하며 〈오두막 편지〉」

찬 공기는 차갑고 아프지만 지금 내가 깨어 있음을 느끼게 합니다. 출근길의 찬바람처럼 삶에도 긴장되는 순간이 있어야 내 자세와 마음가짐을 점검하게 되고, 너무 편안함에만 머무르면 도전해 보고 싶다는 용기와 호기심이 쉽게 식어 갑니다.

마음이 느슨해지는 날엔 잠깐 밖으로 나가 차가운 바람을 맞아 보세요. 몸에 스미는 작은 떨림이 아직 변할 수 있고 다시 시작할 수 있다는 신호가 됩니다.

우리의 고민들...
고통과 불편함 속에서만 발견할 수 있는 진정한 살아 있음의 감각을 잊고 사는 것은 아닐까?

잠잠한 하루를 깨우는 소리

"잠잠하던 숲에서 새들이 맑은 목청으로 노래하는 것은 우리들 삶에 물기를 보태주는 가락이다."

_「〈산에는 꽃이 피네〉 전체 본문 中」

숲이 고요할 때는 모든 것이 멈춘 듯하지만, 새소리 한 번에 공기 전체가 함께 깨어나는 것처럼 느껴집니다.

우리의 하루도 비슷해서, 지루한 날을 버티게 해 주는 건 거창한 사건이 아니라 창밖 새소리, 아이 웃음 같은 작은 울림일 때가 많습니다.

자연의 소리는 문제를 해결하지는 못해도, 버티기만 하던 마음에 활기를 돌려 다시 걸어갈 힘을 줍니다.

우리의 고민들...
기분이 가라앉을 때마다 더 자극적인 음악과 영상만 찾고 있는데, 정말로 나를 살리는 소리는 무엇이었을까?

203
성과를 묻지 않는 품에
기대는 시간

"현대 문명의 해독제는 자연밖에 없다. 인간이 마지막으로 기댈 데가 자연이다."

_「홀로 있는 시간 〈산에는 꽃이 피네〉」

도시는 우리를 끝없이 재촉하지만, 정말 힘들어질 때 떠올리는 곳은 빌딩이 아니라 나무와 바다입니다. 업무와 알림에 숨이 막힐수록 창밖 하늘과 먼 산이 버틸 힘을 건네줍니다.

몸이 지치면 흙냄새와 물소리를 찾게 되고, 그 앞에 서면 '살아 있다' 라는 느낌이 조금씩 돌아옵니다.

자연은 성과를 묻지 않고 그저 앉아 있으라고 품을 내주어, 팽팽한 긴장감이 내려앉고 차분한 안도가 자리 잡습니다.

우리의 고민들…

힘들 때마다 쇼핑과 자극적인 콘텐츠로만 스트레스를 풀려는 이 습관이, 오히려 나를 더 지치게 만드는 건 아닐까?

204

귀를 여는 순간,
내 안에 파도가 들어온다

"귀 기울여 듣는다는 것은 침묵을 익힌다는 말이기도 하다. 침묵은 더 말할 것도 없이 자기 내면의 바다이다."

_「소리 없는 소리 〈서 있는 사람들〉」

숲속에 서서 한참 머물다 보면 새소리와 바람소리 뒤로 내 숨소리가 더 크게 들리기 시작합니다.

누군가의 말을 제대로 듣는 일도 이와 비슷해서, 내 안의 잡음을 줄여야 비로소 상대의 진짜 마음이 보입니다.

그런 고요 속에서야 지금 내가 무엇을 원하는지, 무엇 때문에 지쳐 있는지에 대한 대답이 천천히 떠오릅니다.

우리의 고민들...

기계음과 광고음이 가득한 이 문명 속에서, 어떤 소리가 나를 치유할 수 있을까?

내 속도와 방향을 되찾는 법

"이 좋은 날에 그게 그것인 정보와 지식에서 좀 해방될 수는 없단 말인가. 이런 계절에는 외부의 소리보다 자기 안에서 들리는 그 소리에 귀 기울이는 게 제격 아닐까."

_「비독서지절 〈무소유〉」

하늘이 맑은 날에도 우리는 스마트기기 화면을 들여다 보며 시간을 보내곤 합니다. 하지만, 잠깐 창밖 나뭇잎을 바라보고 알림을 꺼 두면 머릿속이 한결 조용해집니다.

숲길이나 공원을 천천히 걸으며 숨을 고르다 보면 미뤄 둔 내 생각이 다시 들리고, '무엇을 더 알아야 할지'보다 '어떤 모습으로 살고 싶은지' 스스로 묻게 됩니다.

우리의 고민들...

뉴스와 SNS를 끊임없이 확인하면서도, 정작 내 삶에 대해선 거의 아무 결정도 못 내리고 있는 건 아닐까?

206

자연에서 멀어질수록,
나는 어디로 나아가는가

"'땅에서 멀어질수록 병원과 가까워진다'는 말이 있다. 신체적인 건강만이 아니라, 뿌리고 가꾼대로 거두는 대지의 질서를 등지면 사람은 병들 수밖에 더 있겠는가."

_「살아 있는 것은 다 한 목숨이다 〈버리고 떠나기〉」

콘크리트 바닥만 밟고 지내다 보면 우리가 무엇을 딛고 사는지 잊게 됩니다. 몸은 실내 공기와 인스턴트 음식에 익숙해지고, 마음은 빨리 얻고 쉽게 버리는 속도에 지쳐 갑니다.

자연을 찾는 일은 풍경 구경이 아니라, 나를 지탱하는 근원을 확인하고 앞으로 어떤 속도로 살아갈지 조용히 돌아보는 시간이 됩니다.

우리의 고민들...

문명이 마련해 준 편리함을 누리면서, 자연이 가진 대지의 질서에 맞춰 건강하게 사는 길을 찾을 수 있을까?

많이 아는 것보다,
오늘을 비추는 한 가지

"지식은 사람을 피곤하게 한다. 그러나 지혜는 사람에게 생기를 불어넣는다. 지식이 한 때 머물다 가는 바람과 같은 것이라면, 지혜는 온갖 씨앗을 움트게 하는 대지다."

_「종교적인 체험이 아쉽다 〈물소리 바람소리〉」

새로운 사실을 많이 알수록 더 나아질 줄 알았지만, 오히려 머리는 가득한데 마음은 지칠 때가 있습니다.

쏟아지는 정보는 잠시 흥미로울 뿐, 오래 버틸 힘이 되지는 못합니다. 씨앗이 깊은 흙에서 천천히 싹을 틔우듯, 지혜는 많이 아는 것을 넘어 어떻게 살아야 할지 길을 비춰 줍니다.

그래서 무엇을 더 배울지보다 오늘 얻은 것 중 무엇을 흘려보내고, 어떤 깨달음을 내 하루 속에 조용히 심어 둘지 돌아보는 마음이 필요합니다.

우리의 고민들...

이렇게 많이 배우고 듣는데도, 왜 막상 중요한 순간에는 어떻게 살아야 할지 여전히 막막한 걸까?

208

비울수록 또렷해지는
하루의 풍경

"청빈은 절제된 아름다움이며 사람을 사람답게 만드는 기본적인 조건이다. 예로부터 깨어 있는 정신들은 늘 자신의 삶을 절제된 아름다움으로 가꾸어 나갔다."

_「소유의 비좁은 골방 〈산에는 꽃이 피네〉」

숲을 보면 나무는 필요한 만큼만 자리를 차지하고 서 있습니다. 계절이 바뀌면 잎을 털어 내고 다음 생명을 위해 자리를 내줍니다.

덜 가질수록 무엇이 소중한지 보이고, 마음이 가벼울수록 사람과 풍경이 또렷이 다가옵니다.

무엇을 더 모을지가 아니라 무엇을 비워 둘지 고르기 시작할 때, 비로소 산처럼 단정한 마음으로 서 있을 수 있습니다.

우리의 고민들...

버리자고 결심한 물건과 습관들을 또다시 끌어안고 사는 나는, 정말 무엇을 소중히 여기며 사는 사람일까?

209

마음이 고요해질수록
세상은 부드러워진다

"안으로 시선을 돌리면 모든 것이 하나로 이어져 있음을 확인하게 됩니다. 그래서 그 하나의 세계에 마음을 쓰고 그것을 두둔하게 되지요."

_「봄의 이변 〈물소리 바람소리〉」

숲길에 서서 나무와 흙, 하늘과 바람을 천천히 바라보면 서로 따로인 듯해도 이어져 있음을 느끼게 됩니다.

마음에 여유가 없으면 작은 소리도 공격처럼 들리지만, 고요해지면 같은 말이어도 한결 부드럽게 다가옵니다. 그래서 진짜 문제는 풍경이 아니라 그것을 바라보는 내 시선입니다.

가까운 사람들을 평소와 조금 다르게 대할 때 세상과 이어진 보이지 않는 실도 조금씩 다른 무늬를 그려 갑니다.

우리의 고민들...
누군가는 늘 나를 힘들게 하는 사람으로만 보이는데, 그게 정말 그 사람 탓일까, 아니면 내 마음이 이미 그렇게 정해놓은 것일까?

210
혼자 걷는 길에서 만나는 나

"혼자서 나그네가 되면 가장 투명하고 순수해진다. 낯선 환경에 놓여 있을 때 사람은 자기 자신에게 눈을 뜬다. 자기 모습이 뚜렷이 드러난다."

_「침묵에 기대다 〈물소리 바람소리〉」

익숙한 동네를 떠나 처음 걷는 산길이나 바다 앞에 서면 어색하면서도 마음이 또렷해집니다. 아는 이도, 기대하는 시선도 없으니 내가 무엇을 두려워하고 무엇에 끌리는지 그대로 드러납니다.

낯선 자연에서 길을 찾다 보면 평소 습관과 숨겨 둔 욕심이 보이고, 관계와 역할을 잠시 내려놓은 채 "나는 누구인가"를 다시 묻게 됩니다.

이렇게 혼자 나그네가 되어 본 사람은 돌아와 무리 속에 섞여도 덜 휩쓸리고, 자기 자리를 더 단단히 지킬 수 있습니다.

우리의 고민들...

익숙한 일상과 사람들 속에 숨어 있다 보니, 정작 '진짜 내 모습'이 어떤지 나 스스로도 헷갈리고 있는 건 아닐까?

PART 7

어떻게
계속 걸을까?

_단련과 실천

#하루 루틴 만들기 #호흡 명상 #기록과 반조 #나눔과 봉사 #다시 시작하는 힘

211

마음은 물과 같다

"'심여수'라는 말이 있습니다. 마음은 물과 같다는 뜻입니다. 물은 흘러야 합니다. 그것이 살아 있는 물의 징표이고 생태입니다. 물은 흐름으로써 자신도 살고 만나는 대상도 살립니다."

_「추위가 뼈에 사무치지 않으면 매화 향기 어찌 얻으랴 〈2006년 2월 12일 겨울안거 해제〉

겉으로 괜찮아 보여도 마음은 고인 물처럼 문득 탁해져 있을 때가 있습니다. 서운함과 분노, 후회가 빠져나가지 못하면 표정과 말투로 번져 나와 주변을 더 지치게 합니다.

그래서 마음도 물처럼, 오래 두고 볼 것과 흘려보낼 감정을 가려야 합니다.

슬픔과 분노를 솔직히 인정하고 조금씩 흘려보낼 때 내 안이 가벼워지고, 맑음이 찾아옵니다.

우리의 고민들...
감정을 흘려보내야 한다는 말을 알면서도, 막상 놓으면 다 무의미해지는 건 아닐까 두려워 그냥 붙잡고 있는 건 아닐까?

212
힘든 날들이 실패가 아니라는 걸
알게 된 후

"우리가 몸담아 사는 이 세상이 천국이 아니라 참고 견디면서 살아야 하는 '사바세계'라는 사실을 안다면 어디서나 참고 견뎌야 할 일들이 있다."

_「그곳에서 그렇게 산다 〈홀로 사는 즐거움〉」

살다 보면 '왜 이렇게 힘들기만 할까' 싶은 순간이 자주 찾아옵니다. 그런데 애초에 세상이 기쁨과 어려움이 섞인 자리라고 받아들이면, 어디에 가도 불편함은 조금씩 있다는 사실을 인정하게 됩니다.

삶이 힘들다고 해서 실패한 것은 아니며, 그 힘듦을 어떻게 견디고 다루느냐에 따라 내 얼굴과 말투, 그리고 앞으로의 삶의 방향이 서서히 달라집니다.

우리의 고민들…
힘들면 자꾸 다른 곳으로 옮기고 싶은데, 도대체 어느 시점부터 도망이 아니라 필요한 선택이라고 볼 수 있을까?

213

혼란할수록 밖에서 찾던 답이
안에서 들릴 때

"스승을 결코 먼 데서 찾지 마십시오. 자기 안에서 찾도록 해야 합니다. 그래서 자신이 서 있는 곳을 살피라는 것입니다."

_「때로는 높은 봉우리 위에, 때로는 깊은 바다 밑에 〈2003년 2월 16일 겨울안거 해제〉」

삶이 혼란스러울수록 우리는 더 뛰어난 누군가를 찾지만, 내가 걸어온 자리에도 이미 나를 길러 온 배움이 쌓여 있습니다.

결국 중요한 순간에는 남의 말이 아니라 흔들리면서 버텨 온 나 자신의 경험에서 답을 꺼내야 합니다.

가장 오래 나와 함께한 스승이 나 자신이라는 사실을 받아들이는 순간, 삶의 소음이 줄어들고 갈 길이 또렷해집니다.

우리의 고민들...
늘 누군가의 답을 빌려 쓰듯 살아오다 보니, 정작 내 안에는 스스로 믿을 만한 목소리가 남아 있는 걸까?

214

늦었다고 느낀 순간이,
꽃피는 순간이다

"무엇이든 좋은 일이라면 육신의 나이에 붙잡히지 말고 지금부터 새롭게 시작해야 합니다. 그렇게 하면 결과가 저절로 꽃피고 열매 맺게 됩니다."

_「영혼에는 나이가 없다 〈2001년 5월 8일 여름안거 결제〉」

나이가 들수록 우리는 시작보다 정리에 익숙해지고, "이제 늦었다"라는 말로 스스로를 묶어 둡니다.

그런데 돌아보면 마음을 내어 늦게 시작한 일들이 오히려 오래 기억에 남습니다.

서툴고 느려도 한 걸음씩 쌓이다 보면, 어느 날 뒤돌아본 자리에 내가 상상하지 못한 결과가 피어 있음을 알게 됩니다.

우리의 고민들...
이 나이에 새로운 공부나 일을 시작하면 응원보다 걱정과 비웃음을 더 많이 받게 되는 건 아닐까?

215
내 취미가 내 얼굴이 된다

"바람직한 취미라면 나만이 즐기기보다 고결한 인품을 키우고 생의 의미를 깊게 하여, 함께 살아가는 이웃들에게도 긍정적인 영향을 끼칠 수 있는 것이어야 한다. 나의 취미는 끝없는, 끝없는 인내다."

_「나의 취미는 〈무소유〉」

우리는 흔히 취미를 '남는 시간에 즐기는 오락' 정도로 생각합니다. 하지만 진정한 취미란 나만의 즐거움을 넘어 나의 인품을 고결하게 빚어내고, 생의 의미를 깊게 파고드는 것입니다.

이런 관점에서 법정 스님이 선택한 취미는 '끝없는 인내'입니다.

스님은 알고 있었던 것입니다. 내가 닦은 인내의 시간은 나를 단단하게 만들 뿐만 아니라, 곁에 있는 이들에게도 평온이라는 맑은 향기를 전한다는 것을요.

우리의 고민들...
나는 지금 시간을 잘 쓰고 있는 걸까, 아니면 그저 시간을 때우는 취미들로 하루를 흘려보내고 있는 걸까?

216
침묵을 지나 꺼낸 한마디

“침묵의 의미는 쓸데없는 말을 하지 않는 대신 당당하고 참된 말을 하기 위해서이지 비겁한 침묵을 고수하기 위해서가 아니다.”

_「〈침묵 중에서〉 전체 본문 中」

우리는 말을 아끼면 늘 현명해 보인다고 여기지만, 어떤 침묵은 상처를 외면하고 묵인하는 일이 되기도 합니다.

중요한 것은 말이냐 침묵이냐가 아니라, 언제 멈추고 언제 나설지 스스로 기준을 세우는 일입니다.

침묵해서는 안 될 순간에 떨리는 목소리로라도 말할 수 있다면, 그 한마디가 살아 있는 양심의 무게를 지니게 됩니다.

우리의 고민들...
상대가 상처받을까 봐, 또 내가 미움받을까 봐 해야 할 말을 삼키는 이 침묵은 조심스러움일까, 비겁함일까?

217

겉은 풍요로운데
마음은 메말라가는 이유

"우리가 너무 외부적인 것, 외향적인 것, 표피적인 것, 이런 데만 관심을 갖다 보니까 마음이 황폐해졌다. 옛날보다는 훨씬 더 많이 갖고 있으면서도 마음들은 더 허전하고 갈피를 잡지 못한다."

_「홀로 있는 시간 〈산에는 꽃이 피네〉」

우리는 오늘 어떤 옷을 입고 어디서 무엇을 먹었는지는 잘 기억하지만, 하루 끝에 마음이 얼마나 편안했는지는 잘 살피지 못합니다.

남의 시선과 숫자에만 매달리면 내가 정말 좋아하는 것, 힘들어하는 것이 무엇인지 점점 흐릿해집니다.

겉모습을 가꾸는 만큼 마음도 챙길 때, 비어 있던 자리에 조금씩 방향과 힘이 생깁니다.

우리의 고민들...

보기에 괜찮은 삶을 꾸리느라 바쁜 사이, 내가 무엇을 좋아했는지, 무엇을 싫어했는지조차 잊어버리진 않았나?

218

닫힌 마음엔 아무것도
들어오지 않는다

"내 마음이 열려야 이미 열려 있는 세상을 받아들일 수 있지, 마음이 열리지 않으면 열려 있는 세상은 나와 무연합니다. 세상을 받아들일 수 없습니다."

_「부처님 오신 날이 아니라 부처님 오시는 날 〈2006년 5월 5일 부처님 오신 날〉」

세상에는 이미 관계와 기회, 다가오는 손길이 많지만 마음을 닫아두면 모두 나와 상관없는 일처럼 스쳐 지나갑니다.

반대로 마음의 문을 조금만 열면 같은 말에서도 응원이 먼저 들리고, 작은 일에서도 배울 실마리가 보입니다.

세상을 탓하기 전에 내가 나를 얼마나 거칠게 대하고 있는지 살펴볼 때, 사람과 우연한 만남도 다른 얼굴로 다가오기 시작합니다.

우리의 고민들...

왜 나는 비슷한 상황에서 늘 상처받는 쪽으로만 해석하고, 좋은 뜻일지도 모른다는 생각은 좀처럼 하지 못하는 걸까?

219

기울어지지 않는
마음의 무게 중심

"중도는 불교의 근본적인 사고방식 가운데 하나이다. 어느 쪽에도 기울지 않는 적당한 태도를 가리키는 것이 아니라, 대립적으로 생각되는 양극단을 부정하고 가장 합당한 자주적인 행동 양식을 취함이다."

_「최초 설법의 땅 녹야원 〈인도기행〉」

우리는 늘 흑백논리의 극단 사이에서 하나만을 선택하도록 강요받습니다. 하지만 진정한 삶의 길은 그 양극단 사이에 있습니다.

여기서 말하는 '중간'은 회피나 무책임이 아닙니다. 오히려 양쪽의 무게를 온몸으로 견디며, 지금 우리에게 가장 적합한 길을 스스로 찾아내려는 자주적인 행동입니다.

결국 중도란, 휘둘리지 않는 단단한 중심을 세우는 일입니다. 나의 욕심과 타인의 필요를 한 눈에 담으며, 어느 쪽에도 치우치지 않는 최선의 발걸음을 내딛는 것입니다.

우리의 고민들...

모든 사회정치적인 문제를 한쪽에 치우친 편협한 시각으로 보고 있는 건 아닐까?

220
좋은 책은 자꾸 멈추게 한다

"술술 읽히는 책 말고, 읽다가 자꾸만 덮어지는 그런 책을 골라 읽을 것이다. 좋은 책이란 물론 거침없이 읽히는 책이다. 그러나 진짜 양서는 읽다가 자꾸 덮이는 책이어야 한다."

_「비독서지절 〈무소유〉」

책장을 빠르게 넘길 때는 뿌듯하지만, 덮고 나면 곧 다른 자극을 찾게 될 때가 많습니다.

반대로 한 줄 한 줄 자꾸 멈추게 만드는 책은 불친절한 글이 아니라, 내 삶을 끌어와 함께 생각하게 하는 친구에 가깝습니다.

결국 독서는 한 문장을 앞에 두고 얼마나 오래 멈춰 서서 나를 돌아봤는가에 따라 깊이가 달라집니다.

우리의 고민들...
완독했다는 성취감만 쫓느라, 그 사이 내 마음이 어떤 질문을 하고 있었는지는 무시해버린 게 아닐까?

221

나는 오늘 어떤 사람이
되기를 선택했을까

"윤리는 말보다 실천에 그 의미가 있습니다. 모든 것은 순간순간
의 사소한 결정에 달려 있습니다."

_「소욕지족 소병소뇌 〈2007년 8월 27일 여름안거 해제〉」

가치와 신념은 거창한 말이 아니라, 길에 떨어진 쓰레기를 주울지,
피곤해도 사소한 약속을 지킬지 같은 짧은 선택에서 드러납니다.

커피 한 잔을 고를 때, 메시지 하나를 보낼 때, 툭 던질 말을 삼키는
그 순간마다 나는 어떤 사람이 될지 조금씩 결정됩니다.

윤리는 책 속 개념이 아니라, 오늘 내 손과 발, 입과 눈이 어떤 선택
을 했는가에 남는 자취라고 할 수 있습니다.

우리의 고민들...

오늘 '이 정도는 괜찮겠지' 하고 넘긴 사소한 선택들이, 내 인생의 방향까지 조금씩 틀어버리고 있는 건 아닐까?

222
내 곁의 존재들이 건네는 지혜

"사람이든, 물건이든, 나무든, 꽃이든, 우리에게 지혜와 자비심을 일깨워 준 그런 존재자가 곧 내 스승이자 선지식입니다."

_「때로는 높은 봉우리 위에, 때로는 깊은 바다 밑에 〈2003년 2월 16일 겨울안거 해제〉」

스승이라 하면 먼 위인을 떠올리지만, 정작 나를 바꾼 건 친구의 한마디, 묵묵히 버티는 부모의 뒷모습, 해마다 같은 자리에 피는 나무와 꽃이었을지도 모릅니다.

그런 존재들을 떠올리면 모난 마음이 조금 누그러지고, 사람을 대하는 태도도 달라집니다.

일상의 말과 표정, 풍경이 나를 더 지혜롭고 다정한 쪽으로 이끌었다면, 그 모두가 이름 없는 스승이었음을 기억하면 좋겠습니다.

우리의 고민들...
지혜롭고 자비로운 사람이 되고 싶다고 말하면서도, 정작 내 주변의 작은 생명들과 사람들을 대하는 태도에서 실천하기 어려운 건 왜일까?

223

정답 대신 삶을 내어놓을 때

"깨달음을 얻은 사람이 할 일이 무엇인가? 그 깨달음을 나누는 일입니다. 바른길을 알았다면 그 바른길을 가르치지 않을 수 없습니다."

_「이것이 있으므로 저것이 있다 〈2002년 11월 19일 겨울안거 결제〉」

우리는 살면서 깨달음을 얻지만, 막상 나누려 하면 "내가 뭘 안다고" 싶어 입을 닫게 됩니다.

그래도 넘어지고 일어선 경험이 담긴 말이라면 누군가에게는 이미 소중한 힌트입니다. 거창한 이론 대신, 내가 해 본 선택과 실수, 거기서 배운 점을 솔직히 들려주는 것만으로도 힘이 됩니다.

나도 서툴지만 이렇게 버티고 있다고 보여 줄 때, 그 사람의 삶이 곧 조용한 배움이 됩니다.

우리의 고민들...

아직도 나는 흔들리고 부족한데, 이런 내가 느낀 것을 다른 사람에게 말해도 되는 걸까?

224

다정함을 자주 선택할수록
얼굴이 바뀐다

"깨달음은 여기 이 찻잔의 손잡이를 들어올리는 것과 같습니다. 손잡이를 들어 올리면 찻잔도 들어 올려집니다. 자혜라는 손잡이를 들어 올리면 자비의 마음 역시 세상에 드러납니다."

_「이것이 있으므로 저것이 있다 〈2002년 11월 19일 겨울안거 결제〉」

우리는 큰 깨달음을 멀리서 찾지만, 삶을 바꾸는 힘은 마음속 작은 움직임에서 시작됩니다.

사소한 배려와 한 발 물러서서 들어주는 태도가 쌓이면 내 생각과 표정이 달라집니다.

그래서 거창한 계획보다 오늘 내가 냉정함과 다정함 중 무엇을 더 자주 고르는지 돌아보는 일이 먼저입니다. 그 작은 선택들이 모여 세상을 바꾸어 갑니다.

우리의 고민들...
작은 친절 하나를 건네는 대신, 체면과 계산을 먼저 따지는 버릇을 갖고 있지는 않은가?

낮은 곳으로 흐르며
세상을 적시는 삶

"흐르는 물은 웅덩이를 채우지 않으면 앞으로 나아가지 않습니다. 자신을 필요로 하는 곳에 헌신합니다. 나를 필요로 하는 곳에 자신을 다 맡깁니다."

_「물은 낮은 데로 흘러 세상을 적신다 〈2001년 6월 17일 6월 정기법회〉」

우리는 대개 더 빛나는 곳으로 가려는 데만 마음을 쏟지만, 자연의 물은 먼저 메마르고 낮은 곳을 찾아가 갈증을 덜어 줍니다.

사람도 마찬가지로, 내 능력과 시간이 향하는 자리가 곧 나를 설명합니다.

그래서 "어디가 더 좋아 보이는가"보다 "어디가 더 도움이 필요한가"를 물을 필요가 있습니다. 보이지 않는 빈자리를 조용히 채우는 삶이 결국 세상을 덜 거칠게 만드는 힘이 됩니다.

우리의 고민들...

나는 인정받을 수 있는 자리를 찾고 있는 걸까, 아니면 정말로 나를 필요로 하는 곳을 찾고 있는 걸까?

226

침묵으로
오늘 한 번 실천해 보는 마음

"많이 안다는 것은 많이 분별하고 있다는 것입니다. 적게 알면서도 많이 행할 수 있어야 합니다. 겸허한 마음은, 아는 소리 전혀 하지 않고 행동으로 실천합니다."

_「허술하게 이은 지붕에 비가 새듯이 〈2001년 1월 19일 일요 가족법회〉」

살다 보면 아는 건 늘어가는데 하루는 더 무거울 때가 있습니다. 지식이 많아질수록 잘잘못을 따지느라 나와 남을 보는 눈도 더 까다로워지기 때문입니다.

하지만 삶을 단단하게 만드는 힘은 말을 잘하는 데서가 아니라, 옳다고 믿는 것을 오늘 한 번이라도 몸으로 실천해 보는 데서 나옵니다.

가진 지식을 조용한 행동으로 바꾸려 할 때, 우리는 덜 말하면서도 자신에게 더 떳떳한 사람이 되어 갑니다.

우리의 고민들…

머릿속에는 옳은 말이 너무 많은데, 정작 내 행동은 왜 그 말들을 거의 따라가지 못하는 걸까?

사랑을 연습할수록

"사랑의 실천을 통해서 거듭거듭 성숙해질 수 있어야 합니다. 그렇게 되면 이 험난한 세상을 살아가는 데 지혜와 용기가 생겨서 휩쓸리지 않고 깨어 있는 정신으로 헤쳐 나갈 수 있습니다."

_「하루 낮 하루 밤에 만 번 죽고 만 번 산다 〈2008년 5월 12일 부처님 오신 날〉」

사랑은 거창한 감정보다 매일의 선택에서 드러나는 습관에 가깝습니다. 피곤하고 귀찮을 때 어떤 말을 하고 어떤 행동을 하느냐가 그 사람의 그릇을 보여 줍니다.

시간을 조금 더 내주고, 바로 받아치고 싶은 말을 한 번 삼키고, 작은 친절을 한 번 더 보태는 순간들이 쌓이면 삶을 버티는 힘이 됩니다.

이런 선택들이 모여 소란스러운 세상에서도 중심을 잃지 않는 눈과, 쉽게 휘둘리지 않는 용기가 자라납니다.

우리의 고민들...

상처받기 싫어서 거리를 두다 보니, 어느 순간부터는 사랑을 실천할 기회 자체를 피하고 있는 건 아닐까?

228

하루를 수업처럼 살아보니 달라진 것들

"우리가 하루하루 살아가는 이 삶이 학교이고 배움입니다."

_「생명 자체가 하나의 기적 〈2008년 4월 20일 봄 정기법회〉

출근길, 밥을 차리는 일, 다투고 다시 화해하는 일까지 모두 나를 가르치는 수업이라 생각해 보면, 어제와 똑같은 하루도 다르게 보입니다.

기쁜 일은 감사하는 법을, 서운한 일은 마음을 추스르는 법을, 뜻대로 되지 않는 일은 내려놓고 다시 일어서는 법을 익히게 합니다.

그러다 보면 '왜 나만 이렇게 힘들까'라는 탄식은 조금씩 '지금 나에게 주어진 과제는 뭘까'라는 질문으로 바뀝니다.

우리의 고민들...
퇴근하고 돌아와 쓰러져 자는 이 패턴 속에, 정말 배움이란 게 남고 있는 걸까, 아니면 그냥 버티기만 하고 있는 걸까?

229

지금 내가 쓴 마음이
내일의 나를 밝힌다

"마음을 닦는다고 하지만 실제로는 마음을 쓰는 일입니다. 바르게 써야 바르게 닦입니다. 그래야 마음에 빛이 납니다."

_「추위가 뼈에 사무치지 않으면 매화 향기 어찌 얻으랴 〈2006년 2월 12일 겨울안거 해제〉」

마음을 단련한다는 건 거창한 수행이 아니라, 하루 동안 마음을 어디에 얼마나 쓰는가의 문제입니다. 배려할 순간에 나만 챙겼는지, 화날 때 숨 한 번 고를 여유를 뒀는지 같은 선택들이 모여 지금의 내가 됩니다.

조금 손해 보는 듯해도 옳다고 여긴 쪽에 마음을 얹다 보면 스스로에 대한 신뢰가 자라고, 현실을 피하지 않으면서 더 나은 쪽을 고르려는 밝은 생각이 습관이 됩니다.

우리의 고민들...
좋은 마음을 실천하겠다고 다짐하면서도, 막상 이익과 손해가 걸린 순간에는 왜 늘 이기적인 선택만 반복하게 되는 걸까?

230

나 하나의 선(善)이
어디까지 번져갈까

"선행이란 그런 것입니다. 개체로부터 전체에 도달할 수 있는 길이
열립니다."

_「자기를 배운다는 것은 자기를 잊어버림이다 〈2005년 11월 15일 겨울안거 결제〉」

좋은 일을 한다는 건 착한 사람이라는 이름표를 얻기 위해서가 아
니라, 나를 넘어 더 넓은 세상과 이어지려는 움직임입니다.

작은 정직과 배려 한 번이 주변의 말투와 기준까지 조금씩 바꿉니
다. 누군가의 두려움을 덜어 주고, 부당한 일 앞에서 "아니요"라고 말할
수 있을 때 선함은 힘이 됩니다.

그럴 때 나만 편하면 된다는 마음을 벗어나, 함께 살기 편한 분위기
가 조금씩 만들어집니다.

우리의 고민들...

나 하나 행동 바꿔 봐야 세상이 달라지겠냐는 냉소와, 그래도 나부터 시작해야 하는 건 아닐까 하는 양심 사이에서
어떻게 선택할 수 있을까?

231

묵은 질문을 내려놓고,
진짜 물음을 붙들다

"우리가 들고 있는 화두, 공부의 명제에 대해 반성해 보시기 바랍니다. 내가 진짜 바른 화두를 들고 있는지, 건성으로 죽은 화두를 들고 있는지 스스로 되돌아보면 알 것 입니다."

_「자기를 배운다는 것은 자기를 잊어버림이다 〈2005년 11월 15일 겨울안거 결제〉」

사람은 누구나 마음속에 한 가지 질문을 품고 살고, 그 물음이 말투와 관계, 일하는 방식까지 물듭니다.

하지만 입으로만 반복하는 구호는 현실과 닿지 못해 곧 힘을 잃습니다. 공부란 이미 오래된 말을 되뇌는 일이 아니라, 나와 밀접하게 관련이 있는 질문을 오늘의 선택 가운데 내려놓아 보는 일입니다.

지금의 나를 실제로 바꾸는 고민을 다시 품을 때 비로소 생각과 삶이 함께 깨어납니다.

우리의 고민들...
나는 어떤 질문을 붙들고 하루를 살고 있는가, 그 질문이 정말 내 삶을 변화시키고 있는 걸까?

232
평생의 길을 걷기 전에

"먼 길을 가려면 그 길에 대해 미리 준비해야 합니다. 우리가 한 평생 이 길을 가려면 굳은 확신을 가지고 한 걸음 한 걸음 나아가야 합니다."

_「수행자는 늙지 않는다-운문 도량에서 〈2005년 10월 20일 운문사 초청법회〉」

돌아보면 인생은 어느 날 갑자기 멀리 온 것 같지만, 결국 수많은 작은 걸음이 모여 만든 자리입니다.

먼 길은 큰 결심 한 번보다 오늘 나아갈 방향을 책임지는 데서 시작됩니다. 흔들릴 때마다 처음 이 길을 택한 이유를 떠올리며, 나에게 맞는 속도로 걸어가는 사람이 덜 지칩니다.

남이 보기엔 느려 보여도 스스로 이해하는 길을 꾸준히 걸을 때, 그 거리가 비로소 나만의 이야기가 됩니다.

우리의 고민들...
지금 하고 있는 이 선택들이 정말 내가 가고 싶은 먼 길을 향한 준비일까, 아니면 그저 남들 보기에 괜찮아 보이려는 발걸음일 뿐인 걸까?

233
지식이 마음까지 내려오는 순간

"지식이 차디찬 회색의 이론이라면 지혜는 뛰는 더운 심장이요, 움직이는 손발이다. 지식은 사랑과 무연하지만 지혜의 안쪽을 뒤져보면 사랑으로 넘쳐 있다."

_「선지식 〈영혼의 모음〉」

옳은 말은 많이 아는데도 주변 사람들을 따뜻하게 대하지 못하면, 그 지식이 아직 가슴까지 내려오지 못한 건 아닌지 돌아보아야 합니다.

진짜 배움은 책을 덮은 뒤, 내가 믿는 생각이 표정과 말투, 손발에서 드러날 때 시작됩니다. 작은 불편을 감수해서라도 누군가의 하루를 조금 더 편하게 만들어 주려 할 때, 그 마음이 행동이 되면 비로소 지혜가 됩니다.

사랑이 스민 지혜는 나를 똑똑해 보이게 하기보다, 다친 곳을 살피고 약한 이를 일으켜 세우는 쪽으로 조용히 이끕니다.

우리의 고민들...
머릿속의 옳은 말과 내가 실제로 하는 행동 사이의 간격을, 도대체 어떻게 좁힐 수 있을까?

234
꿈이 사라진 자리에,
작은 꽃부터 심어본다

"꿈이 없는 사람은 무표정한 기계나 다를 바 없다. 그런 사람들의 얼굴에서는 웃음이나 울음도 찾아보기 힘들 것이다. 환상적인 여유를 빼앗기고 있는 현대 문명인들은 꽃을 가꿀 화단마저 잃고 있다."

_「나의 과외 독서 〈영혼의 모음〉」

하루하루를 버티기에만 급급하다 보면, 어느 순간 마음속에서 '앞으로'라는 말이 사라집니다.

꿈은 당장 성과를 내는 목표가 아니라, 언젠가 해 보고 싶은 삶을 목표로 하는 작은 씨앗입니다. 그 씨앗은 돈과 일정으로 꽉 찬 하루가 아니라, 멍하니 있어도 괜찮은 빈 시간에서 자랍니다.

오늘을 마치며 나는 수입과 평판만 챙긴 건지, 아니면 언젠가 피워 보고 싶은 나만의 꽃도 함께 떠올렸는지 조용히 물어볼 때입니다.

우리의 고민들...

남들 다 바쁘게 사는 세상에서, 나 혼자만 쓸모없어 보이는 꿈을 붙들고 있는 게 사치인 걸까?

235

고요가 시작되는
자리에서의 삶

“입 다물고 귀 기울이는 습관을 익히라. 말이 많고 생각이 많으면 중심으로부터 점점 멀어진다. 말과 생각이 끊어진 데서 새로운 삶이 열린다는 사실을 명심하라.”

_ 「입 다물고 귀를 기울이라 〈텅 빈 충만〉

우리는 억울함을 풀고 인정받으려 늘 말을 보태지만, 그럴수록 정말 중요한 소리는 놓치기 쉽습니다.

입을 닫고 귀를 열면, 상대의 진심과 눌러 둔 내 속마음이 함께 들려옵니다.

멈춰 서 있을 때 무엇이 나를 지키고, 무엇이 나를 소모시키는지 구별할 수 있습니다. 그런 침묵의 시간이 예전과 다른 선택을 시작하게 하고, 흔들리던 중심을 다시 세워 줍니다.

우리의 고민들...

말을 덧붙일수록 관계가 더 꼬이는 것 같은데, 어느 순간에 입을 다물어야 하는 걸까?

236
비난을 성장으로 바꾸는
마음의 단단함

"칭찬하고 헐뜯는 말을 듣더라도 마음에는 흔들림이 없어야 한다.
잘한 일 없이 칭찬을 받는 것은 참으로 부끄러운 일이요, 허물이 있
어 비방을 듣는 것은 진실로 기쁜 일이다."

_「불란서 여배우 〈텅 빈 충만〉」

사람은 누구나 남의 말로 자신을 확인하고 싶어 하기에 칭찬에 들뜨
고, 비난 한마디에 주저앉기 쉽습니다.

하지만 말은 감정과 상황에 따라 쉽게 달라지는 것일 뿐입니다. 더
큰 문제는 그런 말에 휘둘려 나를 규정하는 습관입니다.

스스로 어디에서 흔들렸는지 정직하게 마주할 때, 남의 말과 상관없
이 버틸 수 있는 단단함이 조금씩 자랍니다.

우리의 고민들…
사람들 말 한마디에 하루의 기분이 좌우되는 이유는 왜일까?

237
많이 보고 많이 듣고,
말은 조금만 하기로

"사람의 얼굴에는 눈이 두 개 있고 귀도 양쪽에 달려 있는데 입은 하나밖에 없다. 많이 보고 두루 듣고 적게 말하라는 뜻에서일 것이다. 만약 입이 두 개라면 세상은 얼마나 시끄러울 것인가."

_「불란서 여배우 〈텅 빈 충만〉」

우리는 태어날 때부터 '두 개의 눈, 두 개의 귀, 하나의 입'을 달고 나왔습니다. 말보다 보고 듣는 데 힘을 쓰라는 뜻 같습니다.

말을 많이 할수록 상대의 표정과 내 마음의 움직임을 놓치기 쉽습니다. 한 번 내뱉은 말은 거둘 수 없지만, 눈과 귀는 언제든 다시 열 수 있습니다.

말을 줄인 만큼 마음의 밀도는 높아지고, 그 밀도가 관계를 지켜 주는 울타리가 되어 줍니다.

우리의 고민들...
사람들 사이에서 '재미있는 사람'이 되고 싶다는 욕심 때문에, 정작 진심을 듣고 볼 여유를 잃어버린 건 아닐까?

238

나와 남을 가르던 마음이
풀리는 순간

"마음에 사랑하고 미워하는 분별이 없다면 이 몸에 어찌 괴롭고 즐거운 성쇠가 있으랴. 평등한 성품에는 나와 남이 없고, 큰 거울에는 멀고 가까움이 없다."

_「열린 마음 〈텅 빈 충만〉

우리가 느끼는 감정의 상당수는 사건이 아니라 그 사건을 어떻게 해석했는지에서 옵니다. 좋아한다, 미워한다는 이름을 붙이는 순간 기대와 상처가 커집니다.

마음이 앞장서 줄 세우면 같은 일도 어떤 날은 지옥 같고 어떤 날은 견딜 만해집니다.

나와 너의 경계를 너무 단단히 세우면 잠시 안전한 것 같지만, 결국 나를 좁은 방에 가두게 됩니다.

우리의 고민들...
누군가를 향한 마음이 사실은 그 사람의 잘못이 아닌 내 마음의 피곤함에서 비롯된 건 아닐까?

읽은 문장보다 살아낸
문장이 남는다

"참된 앎이란 타인에게서 빌려 온 지식이 아니라 내 자신이 몸소 부딪혀 체험한 것이어야 한다. 다른 무엇을 거쳐 아는 것은 기억이지 앎은 아니다."

_「무엇을 읽을 것인가 〈새들이 떠나간 숲은 적막하다〉」

스마트폰으로 세상 소식은 다 아는 것 같지만, 정작 내가 무엇을 진짜 아는지 물으면 쉽게 답하지 못합니다.

책과 영상에서 얻은 지식은 길만 가리킬 뿐, 그 길을 걸을 때의 두려움과 숨 가쁨, 작은 성취감은 직접 부딪혀야 내 것이 됩니다.

비록 느리고 서툴러도 내가 선택하고 넘어져 본 시간들이, 세월이 지나도 남는 진짜 배움이 됩니다.

우리의 고민들...
검색과 강의로 이렇게 많이 보고 듣고 있는데, 정작 나는 무엇을 '나의 언어'로 말할 수 있는가?

240

말보다 먼저 드러나는 얼굴

"사람의 얼굴 또한 한 권의 책이라고 말한 것은 그 사람의 사상과 감정이 그 얼굴에 나타나기 때문이다. 얼굴은 결코 거짓말을 하지 않는다."

_「무표정 〈산방한담〉」

우리는 말하는 것에는 능숙하지만, 얼굴에 새겨진 시간을 읽는 법은 서툽니다. 표정에는 하루의 피로뿐 아니라 그동안 반복해 온 생각과 선택이 남습니다.

억지 미소를 지어도 눈동자에는 숨기고 싶은 감정이 비칩니다. 그러니 사람을 볼 때 겉모습만 판단하기보다 그 표정 뒤 사연을 한 번 떠올려 볼 필요가 있습니다.

얼굴을 꾸미는 것보다 마음의 방향을 조금씩 고쳐 갈 때, 내 인생의 표정도 함께 바뀝니다.

우리의 고민들...

사진 속 내 얼굴이 유난히 지쳐 보이는 건 그냥 피곤해서일까, 아니면 요즘 내 마음이 계속 굳어져서 그런 걸까?

관심이라는 이름의 간섭

"이 세상에 있는 모든 존재는 그 자신의 방식으로 그 자신의 삶을 살아갈 권리가 있다. 그렇기 때문에 나만의 편의나 이익을 위해 남을 간섭하고 통제하고 지배해서는 안 된다."

_「인디언 '구르는 천둥'의 말 〈오두막 편지〉」

우리는 자주 관심과 간섭을 헷갈립니다. 도움을 주려고 한 말이 상대의 선택을 틀에 가두고, 돕겠다는 마음이 어느새 상대의 삶을 조종하려는 욕심이 되기도 합니다.

각자가 다른 방식으로 살아온 데에는 그 사람만의 이유가 있다는 사실을 인정할 때 관계가 비로소 풀리기 시작합니다.

필요할 때만 손을 내밀고, 나머지 시간에는 스스로 선택할 여지를 남겨 두는 태도는 예의이자 존중입니다.

우리의 고민들...

내가 가족과 친구에게 건네는 충고는 진짜 걱정에서 나오는 말일까, 아니면 내 방식대로 살게 만들려는 고집일까?

242
하루 끝에 나에게 묻는
사람으로 살기

"우리가 같은 생물이면서도 사람일 수 있는 것은, 자신의 삶을 스스로 되돌아보면서 반성할 수 있는 그런 기능을 지니고 있기 때문이다."

_「너는 네 세상 어디에 있는가 〈오두막 편지〉」

사람에게 주어진 특별함은 하루 끝에 스스로에게 묻는 힘입니다. 오늘 나는 어떻게 살았는지, 누구를 살리고 누구를 다치게 했는지 돌아볼 때 비로소 나를 알게 됩니다.

잘못을 인정하고 미안하다고 말하며 같은 실수를 줄이려는 마음이 우리를 사람답게 빚습니다.

오늘의 나를 있는 그대로 보되 내일의 나에게 작은 숙제를 남기는 일, 그 반복이 삶을 만들어 갑니다.

우리의 고민들...

나는 하루를 마칠 때, 그저 피곤하다는 생각만 할 뿐, 오늘의 나를 제대로 돌아보고 있는 걸까?

243

말 하나가 관계의 온도를 만든다

"나눔의 삶을 살아야 한다. 물질적인 것만이 아니고 따뜻한 말을 나눈다든가 눈매를 나눈다든가 일을 나눈다든가, 아니면 시간을 함께 나눈다든가."

_「홀로 있는 시간 〈산에는 꽃이 피네〉」

우리는 혼자 버티는 법은 익숙해지면서, 함께 사는 법은 서툴러지고 있습니다. 거창한 봉사가 아니어도, 피곤한 날 건네는 안부 한마디, 눈을 마주치는 짧은 순간, 일을 조금 나누어 드는 시간이 마음의 기둥이 됩니다.

혼자만의 세계로 숨고 싶을 때에도, 완전히 끊이지 않는 작은 다리를 남겨 두는 일이 필요합니다.

나눔은 내 시간을 빼앗기는 일이 아니라, 서로의 삶을 더 단단히 잇는 방법입니다.

우리의 고민들...

혼자가 편하다며 자꾸 거리를 두는 이 습관이, 언젠가 아무에게도 기대지 못하는 외로움으로 돌아오는 건 아닐까?

244
한 문장에 오래 머무는 시간

"독서의 계절이 따로 있어야 한다는 것부터 이상하다. 얼마나 책
하고 인연이 멀기에 강조 주간 같은 것을 따로 설정해야 한단 말인가."

_「비독서지절 〈무소유〉」

우리는 책을 삶의 일부가 아니라 '행사'처럼 대할 때가 많습니다. 캠
페인 기간에만 서점에 들르고, 사진만 남기며 정작 일상에는 문장을 들
이지 못합니다.

하지만 독서는 특별한 시즌에만 하는 것이 아니라 밥 먹고 물 마시
듯 이어지는 생활의 리듬이어야 합니다.

얼마나 많이 읽었는지보다 한 문장을 두고 얼마나 오래 생각하는지
가 중요합니다. 그때 책 읽기는 보여주기용이 아니라, 내 마음을 돌보는
습관이 됩니다.

우리의 고민들...
눈은 스마트폰으로 하루 종일 뭔가를 읽고 있는데, 왜 정작 한 문장을 곱씹어 보는 시간은 점점 사라져 가는 걸까?

더 필요하고도 조용한 품위

"사람의 덕이란 어디서 오겠습니까? 내 도움이 필요한 사람들을 선뜻 도울 때 덕이 자랍니다. 어디서 덕이 갑자기 생기는 것이 아닙니다. 어려운 사람을 기꺼이 도와줄 때 덕의 싹이 자랍니다."

_「부분적인 자기에서 전체적인 자기로 〈2003년 5월 부처님 오신 날 법문〉」

인품은 타고나는 성질보다는 매일의 작은 행동에서 드러납니다. 바쁠 때 곤란한 이를 보고 모르는 척할지, 잠시 멈춰 도울지를 선택하는 순간들이 쌓여 그 사람의 품위가 됩니다.

번거로움을 감수하고 손을 내밀 때 나에 대한 기준도 함께 높아집니다. 각자도생의 시대일수록 서로에게 기댈 수 있는 사람이 되려는 마음이 살아가는 힘이 됩니다.

우리의 고민들...

지금 내 주변에서 나를 믿고 기대려 하는 이들은 몇 명이나 있을까?

내려놓음이 남기는 것

책장을 덮는 순간, 우리는 다시 일상으로 돌아갑니다. 알림이 켜지고, 할 일이 쌓이고, 세상의 속도가 우리를 재촉합니다. 그때 문득 이 책이 물을 것입니다. "당신은 무엇을 붙잡고 있느냐"고. 그리고 더 조용한 목소리로 덧붙입니다. "그것이 정말 당신을 살게 하느냐"고.

법정 스님의 무소유는 가난을 미화하지 않습니다. 소유를 죄로 몰지도 않습니다. 다만 한 가지를 또렷하게 보여 줍니다. 소유는 삶의 전부가 아니라는 사실을요. 우리는 더 많이 갖추면 더 안전해질 거라 믿고, 더 크게 인정받으면 더 행복해질 거라 기대합니다. 그러나 소유가 늘어날수록 마음은 오히려 바빠지고, 지켜야 할 것이 많아질수록 쉽게 불안해집니다. 손에 쥔 것이 많아질수록, 마음은 더 자주 흔들립니다. 소유가 주는 기쁨이 무의미하다는 뜻이 아닙니다. 다만 그 기쁨이 삶의 중심을 대신할 수는 없다는 뜻입니다.

이 책의 일곱 부는 서로 다른 주제를 말하지만, 결국 한 방향을 가리킵니다.

　　가벼워지는 일은 비워서 생기는 여백을 회복하는 일이고, 불안을 다루는 일은 통제하려는 손을 조금 놓아 신뢰를 배우는 일이며, 일과 돈과 시간을 정돈하는 일은 '더'가 아니라 '지금'을 살피는 일입니다.

　　관계는 소유하려는 마음을 내려놓을수록 숨통이 트이고, 슬픔은 붙잡아 두려는 마음을 놓을 때 비로소 흘러갑니다. 자연은 늘 그 사실을 조용히 보여 줍니다. 바람은 움켜쥐지 않고 지나가며, 숲은 채우려 애쓰지 않아도 풍요롭습니다. 마지막으로 실천은 거창한 결심이 아니라, 매일 조금씩 내려놓는 습관으로 삶을 다시 짓는 일입니다.

　　우리는 종종 행복을 비교로 배웁니다. 누군가보다 앞서 있으면 안심하고, 누군가보다 뒤처지면 스스로를 몰아붙입니다. 하지만 비교가 주는 만족은 늘 조건부입니다. 오늘의 우월은 내일의 불안이 되기 쉽고, 남보다 나아지고 싶은 마음은 끝내 남의 시선에서 벗어나지 못합니다. 법정 스님이 말한 '무소유'는 바로 여기에서 우리를 한 걸음 뒤로 물립니다.

　　행복은 남을 이기는 감정이 아니라, 나를 만나는 감각입니다. 내가 진짜로 소중히 여기는 것이 무엇인지, 어떤 속도가 내게 맞는지, 무엇을 위해 애쓰고 무엇은 놓아도 되는지. 그 질문에 정직해질 때 우리는 비로소 '나'라는 집으로 돌아옵니다.

'진정한 나'를 발견한다는 것은 특별한 정체성을 찾아내는 일이 아닙니다. 오히려 그 반대에 가깝습니다. 덧씌워진 것들을 하나씩 벗겨 내는 일입니다. 남의 기준, 불필요한 체면, 지나친 완벽, 증명해야 한다는 강박, 미움과 후회가 붙인 이름표를 조용히 떼어 내는 일입니다. 그러고 나면 남는 것이 있습니다. 오늘의 내 마음을 알아차리는 힘, 말의 온도를 조절하는 섬세함, 책임을 분명히 하는 성실, 고마움과 사과를 제때 건네는 용기 같은 것들입니다. 이것들은 물질로서 소유할 수 없지만, 삶을 바꿉니다. 손에 쥐는 것이 아니라 몸과 마음에 배는 것이기 때문입니다.

오늘 하루만이라도 작은 무소유를 실천해 보았으면 합니다. 불필요한 물건 하나를 내려놓고, 마음을 어지럽히는 비교를 잠깐 그만두고, 지나친 일정에서 한 칸을 비워 두고, 누군가에게 고마웠던 일을 구체적으로 전해 보세요. 그러면 이상하게도 삶은 허전해지지 않고, 오히려 선명해집니다. 비워진 자리로 바람이 들어오듯, 내면의 기쁨이 들어올 문이 열리기 때문입니다.

'고요하고 단단하게' 산다는 것은 흔들리지 않는 사람이 되라는 게 아닙니다. 흔들려도 다시 중심으로 돌아오는 사람, 소유한 물질이 아니라 존재 자체만으로 자신을 세우는 사람, 다른 이의 속도에 맞추는 대신 나만의 걸음으로 나아가는 사람을 뜻합니다. 이 책의 문장들이 당신에게 그런 길잡이가 되었으면 합니다.

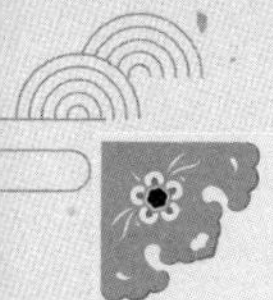

　마지막으로, 법정 스님이 남긴 그 고요한 가르침을 이렇게 바꿔 적어 봅니다.

"비우는 순간, 우리는 잃는 것이 아니라 돌아옵니다.
　비교의 자리에서 내려와, 진짜 나의 자리로.
　그곳에서야 비로소 행복은 조용히, 그러나 단단하게 시작됩니다."

내려놓음의 마음공부

고요하고 단단하게, 법정의 말

초판 1쇄 발행 2026년 2월 25일

엮은이 | **권민수**
편집 | **최서윤, 김민아**
기획 | **민윤재**
디자인 | **이선영**
교정교열 | **김가영 김수하**
마케팅 | **이지영 김경민**
펴낸곳 | **리텍 콘텐츠**
주소 | **서울시 용산구 원효로 162 세원빌딩 606호**
이메일 | **ritec1@naver.com**
홈페이지 | **http://www.ritec.co.kr**
ISBN | **979-11-86151-82-2 (03100)**

- 잘못된 책은 서점에서 바꾸어 드립니다.
- 책값은 뒤표지에 있습니다.
- 이 책의 내용을 재사용하려면 사전에 저작권자와 리텍콘텐츠의 동의를 받아야 합니다. 책의 내용을 재편집 또는 강의용 교재로 만들어서 사용할 시 민형사상의 책임을 물을 수 있습니다.

상상력과 참신한 열정이 담긴 원고를 보내주세요. 책으로 만들어 드립니다.
원고투고: ritec1@naver.com